改变世界的一粒种子

记杂交水稻之父袁隆平

第二版

北京大学出版社
PEKING UNIVERSITY PRESS

图书在版编目(CIP)数据

改变世界的一粒种子：记杂交水稻之父袁隆平/席德强编著. —2版. —北京：北京大学出版社，2021.10
ISBN 978-7-301-32217-8

Ⅰ.①改… Ⅱ.①席… Ⅲ.①袁隆平（1930—2021）—生平事迹 Ⅳ.①K826.3

中国版本图书馆CIP数据核字（2021）第145837号

书　　名	改变世界的一粒种子——记杂交水稻之父袁隆平（第二版）
	GAIBIAN SHIJIE DE YI LI ZHONGZI——JI ZAJIAO SHUIDAO ZHI FU YUAN LONGPING（DI-ER BAN）
著作责任者	席德强　编著
责任编辑	黄　炜
标准书号	ISBN 978-7-301-32217-8
出版发行	北京大学出版社
地　　址	北京市海淀区成府路205号　100871
网　　址	http://www.pup.cn　新浪微博:@北京大学出版社
电子信箱	zpup@pup.cn
电　　话	邮购部 010-62752015　发行部 010-62750672　编辑部 010-62764976
印刷者	天津中印联印务有限公司
经销者	新华书店
	730毫米×980毫米　16开本　10.25印张　128千字　插页2
	2015年9月第1版
	2021年10月第2版　2023年3月第2次印刷
定　　价	30.00元

未经许可，不得以任何方式复制或抄袭本书之部分或全部内容。
版权所有，侵权必究
举报电话：010-62752024　电子信箱：fd@pup.pku.edu.cn
图书如有印装质量问题，请与出版部联系，电话：010-62756370

袁隆平院士在稻田

与国外同行探讨育种问题

用显微镜观察花粉

指导学生进行科研

为国际学员讲课

在菲律宾推广杂交稻

业余时间下象棋

下班后与青年人打排球

序　言

我们都知道综合国力的竞争归根到底是人才的竞争,哪个国家拥有人才上的优势,哪个国家最后就会拥有实力上的优势。习主席在"为实现中国梦凝聚有力道德支撑"的讲话中谈到"伟大时代呼唤伟大精神,崇高事业需要榜样引领"。

共和国勋章的获得者、杂交水稻之父袁隆平就是这样的榜样。人们印象中的这位耄耋老人个子不高、肤色黝黑,常年在无垠的稻田里忙碌着。夏日正午强烈的阳光,总给沉甸甸的稻穗和老人刻满年轮的脸庞镀上金灿灿的光芒。就是这样一位老人,老骥伏枥,壮心不已,用自己60多年的研究和实践书写了这个伟大时代的伟大精神。他时刻把全人类的温饱记在心坎上,把粮食安全的功勋刻写在大地上。

现在人们常提到袁隆平精神,这是一种热爱祖国、淡泊名利、求真务实、无私奉献的精神,是值得全国人民,尤其是青少年认真学习的精神。

我有幸读到席老师撰写的《改变世界的一粒种子——记杂交水稻之父袁隆平》。在我看来,这本书不同于一般的人物传记,而是以一名教师的眼光,从教育学生的角度出发,精彩地介绍了袁隆平的科研之路,描绘了袁隆平精神。全书以杂交水稻的研究过程为主线铺开,从挑战传统理论到提出杂交水稻培育方略,从克服重重困难到三系配套成功,从三系法到两系法,从在国内推广到造福世界人民,内容环环相扣,情节起伏跌宕。读后掩卷遐思,感慨良多。

袁隆平用一粒种子改变了世界。我们很多人只看到了他头顶上的光环,却很少有人注意到他背后的艰辛。这本书通过故事告诉每一名读者,袁隆平的成功不是偶然的,他付出的劳动是常人无法想象的,他取得的成就是长期艰苦努力的结果。通过袁隆平的故事,我们也可以发现培养孩子兴趣的重要性。兴趣是最好的老师。知之者不如好之者,好之者不如乐之者。袁隆平常年在农田里风吹日晒却从不感到辛苦,在研究道路上历经重重坎坷却始终无怨无悔,是因为他在做自己喜欢做的事情。研究杂交水稻是他的人生乐趣,在研究过程中他享受到了精神的愉悦,找到了人生的价值。

我想,每一个人都能从这本介绍袁隆平科研之路的图书中有所收获。对于青少年,如果通过阅读本书,能够从此对自然科学产生兴趣,学会一些科学研究的基本方法,体会到科学研究的苦与乐,对以后做人、做事、做学问有所帮助,那么作者出版本书的目的就基本达到了。

中国科学院院士

北京师范大学原校长

王梓坤

目　录

追梦人生 2

选择什么样的职业最好？2　　用一生做好一件事 6

育种工作的过去与现在 9

求学之路 18

家世与童年 18　　善于思考的学生 21　　全面发展的学生 24

选择农学 25　　丰富多彩的大学生活 26

曲折的科研之路 34

敬业的老师 34　　不迷信权威的研究者 36

接触杂交稻 40

用一生做好一件事 49

心中有梦 49　　山重水复 52　　柳暗花明 55　　初现曙光 60

知难而上 65　　豁然开朗 69　　百折不挠 73　　殚精竭虑 77

再创辉煌 82　　百尺竿头 94　　谁来养活中国 98　　海水稻 102

辉煌的成就，做人的楷模 108

　　当不当官，是个问题 108

　　桃李不言，下自成蹊 114

　　设奖励基金，养育后昆 120

　　"杂交水稻之父"殊荣的由来 124

　　让杂交水稻走向世界 127　　当选两国院士 129

　　成立隆平高科 132　　名标星座 137

　　泽被神州 138　　连获 18 次国际大奖 140

伟人的平凡生活 144

　　快乐幽默的袁隆平 144

　　"自由散漫"的袁隆平 145

　　不修边幅的袁隆平 146

　　认真科研的袁隆平 147

　　不愿意当名人的袁隆平 148

　　生活节俭的袁隆平 149

附录一　培育杂交水稻大事记 151

　　三个重大发现 151　　攻克三大难关 152

　　三个重大突破 153

附录二　袁隆平院士主要著作、学术论文 154

后记 156

2004年度CCTV"感动中国"给袁隆平的颁奖词是：

  他是一位真正的耕耘者。当他还是一个乡村教师的时候，已经具有颠覆世界权威的胆识；当他名满天下的时候，却仍然只是专注于田畴。淡泊名利，一介农夫，播撒智慧，收获富足。他毕生的梦想，就是让所有的人远离饥饿。喜看稻菽千重浪，最是风流袁隆平！

追梦人生

选择什么样的职业最好?

一个人选择什么职业最有利于自身的发展?选择什么职业让自己对社会的贡献最大?这应该是自古以来人们在成长过程中都要考虑的问题。如果我们特别留意一下就会发现,很多家长和孩子在处理这一问题上存在着误区。

误区一:读书为了升官发财。

在《论语》里,子夏有一句话"仕而优则学,学而优则仕"。里面的"优"字通"悠",指的是有余力,翻译过来就是:做官(工作)之后有空闲的时间就应该去学习、进修;学习之余还有闲暇,就去做官(实践)。但很长一段时间以来,"学而优则仕"都被理解成读书读得好了就应该去当官。

在当今社会,受不正当风气的影响,有相当一部分人物欲太重,做什么事都抱着功利的心态。他们认为付出就是为了获取回报,读书就是为了出人头地,就是为了升官发财。如果通过读书没有达到预期的目的,"读书无用论"就会甚嚣尘上。

读书到底有什么用呢？读书对一个人的影响既是直接的，也是间接的。

书籍中记载了前人的生活经验和思想成果，通过读书可以学会最基本的生存技能，提升个人的文化修养。

"腹有诗书气自华"。读书使人明理、明智，可以使人的思想和气质升华。当然，读书的作用不是立竿见影的，而是循序渐进和潜移默化的。

读书可以增长见识。通过读书，我们可以站在先贤的肩膀上，以更加开阔的眼界和更加长远的眼光来看问题。

读书可以帮助我们找到未来前进的方向。古代读书人的志向"不为良相，即为良医"。说的是读书人如果不能安邦定国，为国家效力，就应该治病救人，造福苍生。周恩来在年少时就立下宏伟志向"为中华之崛起而读书"。所以，如果读书不是为了个人的利益，而是为了国家、为了人民，就能舍弃小我，成就大我。

误区二：职业要"高大上"。

每个人都有自己的理想。儿时，出于神秘和好奇，向往宇航员的工作；出于关注和敬仰，渴望自己成为科学家。长大后，在社会大环境的影响下，很多人转而向往那些工作轻松体面、收入高的职业，不乐意从事付出多、收入少或者通过体力劳动获得报酬的工作。

然而，人本各有所长，有的人适合知识密集型的工作，有的人适合劳动密集型的工作，适合自己的才是最好的。但在家长和社会的影响下，有些本不适合从事知识密集型工作的孩子走上了考学之路，结果大学所学非所愿，专业知识学习不透彻，找工作时又眼高手低，最后只能在家待业。相反，有些孩子早早地明白自己的特点，通过技术学习和能力锻炼，成为一名优秀的技术工人，无论是收入还是幸福感都比一些名牌大学毕业生还高。

在历史上，有些人不走寻常路也照样能名垂青史。在我国东汉时期的天文学家张衡（78—139）和南北朝时期的数学家祖冲之（429—500）生活的年代，自然科学研究被视为旁枝末技，是上流社会的人士不屑于从事的行业。所以当时多数家长不会让孩子选择这些方向作为其一生的事业。可是在今天看来，靠读书博取功名的人又有多少能赶上这两位科学家对人类的贡献呢？

许多外国科学家年少时的志向也曾不被父母看好。例如，英国博物学家、进化论的奠基人达尔文（1809—1882）在小学时学习成绩一般，在老师的眼里，他是个不务正业的学生。他不喜欢坐在教室里学习，一有空闲就到野外去。那些欢唱的鸟儿、翩翩飞舞的蝴蝶、鲜艳迷人的花草都能让他停下脚步。他热衷于采集标本，观察鸟兽虫鱼的活动。达尔文从小就有很强的搜集欲望。各种矿物、鸟蛋、昆虫和植物的根、茎、叶等都是他喜欢搜集的对象，他还喜欢将这些东西分门别类地放在他的标本室——一间空屋子里。这些爱好在别人眼里都是没用的，却是他以后的事业的奠基石。1825年，父亲送达尔文到爱丁堡大学学医，但他对医学不感兴趣，业余时间都用在搜集标本、研究生物上了。后来，父亲又送他去剑桥大学学习神学，希望他将来成为一名受人尊敬的牧师。可达尔文对神学也没有多大兴趣，课余时间仍在研究生物学。最终，达尔文还是将生物学作为自己的研究方向，以博物学者的身份登上"贝格尔"号进行全球旅行。在1859年，他出版了轰动世界的巨著《物种起源》，提出了科学系统的生物进化理论。

梳理古今中外科学家的成功历程，我们都可以发现兴趣的作用。本书的主人公——我国当代著名的农学家袁隆平其实是一个地道的城里人，但他却选择农业作为自己的事业，这是为什么呢？

1930年9月,袁隆平出生于北平(即现在的北京)。他的童年及青少年时代主要是在武汉和重庆度过的。我们知道,在袁隆平的青少年时期,正是20世纪四五十年代,我国青年掀起了"工业救国"的热潮。对于袁隆平这样一个生长在大城市,并自小就接受正规学校教育的人来说,在当时工业救国的普遍思潮下选择农业作为自己毕生从事的事业,实在是出人意料。

梳理袁隆平的成功之路,我们都会有一个疑问:是什么力量使他如此义无反顾地选择农业作为自己奋斗一生的事业?是什么力量使他在面对一个接一个的难题的时候依然百折不挠?是什么力量使他在各方面的重重阻力面前毫不退缩?

谁也不会想到,袁隆平成为当今世界的知名农业科学家,最初的动力却源于儿时的一个美丽梦想。他说:"我学农其实源于一次偶然的事件,读小学时老师组织了一次郊游。老师带我们去参观一个私人园艺场,当我看到红红的桃子挂在枝头,紫红的葡萄一串一串地垂在架上,整个园艺场花红柳绿,一派丰收美丽的景象;巧的是,当时正在上演卓别林的电影《摩登时代》,影片里的主人公对城里的生活感到厌倦,只有在梦里回到乡下美丽的田园生活时,他才会感到快乐。想吃红彤彤的苹果,推开窗子一伸手就可以摘到;想喝牛奶,院子里的奶牛走过来,接一杯就喝。电影里的镜头和眼前的景象叠加起来,我觉得田园确实太美了。当时就想,等我长大以后要是学农就美了。如果老师那时带我们去真正的农村看看,知道当时的农村生活又苦又穷又脏,那我一定不会去学农了。"

袁隆平觉得园艺场美,从而使他对农业产生了强烈的兴趣,而兴趣才是最好的老师,做有兴趣的事情即使花了再多的时间,投入了再多的精力,都不会觉得累,更不会觉得枯燥。儿时的参观让袁隆平选择农学作为自己的大学专业。在后来的学习和科研过程中,他找到了研究杂交水稻的职业乐趣,发现了农学的美,所以他才能一辈子无怨无悔地从事这个艰苦的工作。子曰:"知之者不如好之者,好之者不如乐之者。"说的就是这个道理。

在参加工作之后,袁隆平专心研究杂交水稻,不仅改变了他自己一生的命运,也在某种程度上改变了14亿多中国人的命运,还为世界粮食安全做出了突出贡献。"他如果不在家,就一定在试验田;如果不在试验田,就一定在去试验田的路上。"这就是袁隆平的真实写照。

从上述几个小故事我们可以看出,一个人如果能结合自己的性格特点,从自己感兴趣的学科入手,寻找适合自己的职业方向,让兴趣与梦想结合。既能享受到职业乐趣带来的精神愉悦,又能借此实现自己的人生价值。这应该是选择职业的最好标准了。

用一生做好一件事

——为了人类远离饥饿

纵观人类的发展历史,饥饿始终与人类寸步不离。联合国粮食及农业组织(FAO)(简称"联合国粮农组织")指出,在2020年世界上还有6.9亿人处于饥饿状态,占全球人口的8.9%。每年有500多万儿童因饥饿和营养不良而夭折,有900万人死于饥饿或饥饿引起的疾病。普通的一日三餐对这些长期饥饿的人来说,依然是一种可望而不可即的奢侈。所以联合国将每年的10月16日定为世界粮食日。

我国自古以来就是一个人口众多、生存压力很大的国家。她现在的人口约为世界人口的1/5。可利用的耕地却只有世界的7%，要使这么多的人口在这么有限的资源下摆脱饥饿的威胁，可真不是一件容易的事情。在我国古代典籍中，关于饥饿的记载非常多：

——《诗经·大雅》曾经这样悲哀地吟道："何辜今之人？天降丧乱，饥馑荐臻。"其中，"饥馑荐臻"为"饥饿接连而至"之意。可见，饥饿在当时发生得多么频繁！

——清朝出版的《履园丛话》有这样的记载："迨父殁未几，适当明季，蝗旱不登，饿殍载道，而齐鲁幽燕之区为尤甚。"虽然，我国历史上关于因饥饿而死亡的人口统计不是十分详细，但是，用"饿殍载道"来形容，足以反映当时的惨状了。

20世纪60年代初期，世界人口中50%属于饥饿人口。在我国，由于连年的自然灾害，一场全国范围的饥荒持续了三年之久，从城市到农村，多数人都处于吃不饱的状态。袁隆平作为老师，在自己也饿得走不动路的情况下，却把分给自己的一份萝卜给了饥饿的学生。看到一个学生因为饥饿而一顿吃光一盆萝卜的时候，他感到非常痛心。在黔阳县（现洪江市）硖州公社秀建大队支农时，看到种田的农民挨饥受饿，他更是难过得要命。生产队长老向曾对他说："袁老师，听说你正在搞让水稻高产的科学试验，如果你能研究出亩产800斤、1000斤的新稻种，那该多好啊！那样我们就不会再有饥荒了，老百姓的苦日子也就到头了。"老队长的话唤醒了袁隆平作为农业科技人员的科研之梦，更提升了他对国家和社会的责任感。他决心研究出一种高产水稻，让老百姓能够吃饱饭，并以此作为自己事业上的奋斗目标。

在接受记者采访时,他说:"在1959年到1961年的三年困难时期,我看到很多人都因为饥饿而全身浮肿,有的人甚至饿死在路边、田坎上。当时我们这些老师也被下放锻炼,在村里的集体食堂里,我们吃的菜是猪都不愿意吃的红薯藤,饭是用水蒸了两次的双蒸饭,饭粒儿看起来很大,吃下去一会儿就饿了,当时整天想的就是能吃顿饱饭就好了"。

这不仅仅是袁隆平对自己过去的困难时期经历的简单回忆,从中我们也看到,在他还是一个普通的农校教师的时候,就有了让天下人不再忍饥挨饿的伟大理想。这让我们感受到了一位大科学家的强烈的责任意识,也让我们感受到了他内心的崇高与伟大。

"我认为战胜饥饿主要靠科技进步,让粮食产量逐步提高,就能解决饥饿问题。我是学农的,整天都想着培育高产农作物的事。日有所思,夜有所梦。我曾梦见我们试验田里种的水稻,有高粱那么高,穗子像扫帚那么长,粒子像花生米那么大,我们几个朋友累了,就坐在稻穗下面乘凉。"

这就是著名的"禾下乘凉梦"。为了早日实现这个梦想,为了让千千万万的人都能吃饱肚子,为了改变农村的贫穷与落后,袁隆平一生都在琢磨怎样培植更高产的杂交水稻。他60多年如一日,起早贪黑,殚精竭虑。"在培育杂交水稻这件事上,我从来没有后悔过。我这个人是一根筋,认准的事一定要坚持到底"。研究杂交水稻就是他事业的全部,培育超高产的杂交水稻,就是他生命中最神圣的目标。用一生的时间去做好一件事,就是对袁隆平科研工作的简单总结。

有记者采访时问他:"您一辈子只做了一件培育杂交稻的事情,您后悔吗?怎么评价?"

袁隆平说："我学的是这个专业,也爱好这个专业,这辈子不做这个事,不合算啊。这也是适合我成材的一条捷径……"

2020年9月7日,中国农民丰收节金秋消费季在北京启动,这一天也恰逢袁隆平90岁生日。在活动的首场直播中,这位新晋"90后"说,现代农业的研究和生产需要更多的知识青年,他呼吁"90后"年轻人投身农业,希望他们能在广阔的农业发展上大有作为。

诚然,现在的农业生产已经发展到了机械化、电气化、智能化的时代,已经与过去"面朝黄土背朝天"的时代截然不同,农业不再是既没有"前途"又没有"钱途"的行业。美国、德国等国家发达的农业,让我们看到了农业现代化的光辉前景。以前,大学生回乡创业总会成为轰动一时的新闻,引来许多人质疑的目光;现在,越来越多的年轻人利用自己的知识从事现代农业生产,走上了致富之路。特别是随着互联网时代的到来,信息获取速度空前加快,农业生产已经告别了保守、封闭的小农经济时代。在不久的将来,农业生产借助现代化的AI、5G和物联网,将会发生令人刮目相看的改变。

育种工作的过去与现在

育种学是一门古老而又年轻的学科。说它古老,是因为现在种的庄稼是由野草培育出来的,现在养殖的家禽、家畜是由古代的野生动物驯化来的。说它年轻,是因为最近几十年由于科学技术的进步,育种工作打破了传统育种方法的限制,取得了令人瞩目的成就。下面我们分别叙述一下:

从两种常见的农作物谈起

粟古称禾、谷或谷子,将它的果实去壳以后,就得到了我们熟知的小米。它的野生近亲我们也非常熟悉,就是田间地头常见的莠子和狗尾草。莠子在幼苗期与粟非常接近,农民在拔草时常常将它误认为粟而留下来,等到吐穗结实的时候才能将二者区分开来。而这时,有些莠子的种子已经成熟播撒到田里。我国北方山西一带是粟的起源地。考古发现,黄河流域西起甘肃玉门,东至山东龙山的新石器时代遗址中,有炭化粟出土的遗址近20处。经过碳14(^{14}C)鉴定,我国栽培粟的历史已经有7000多年了。经过一代又一代的人工选育,古代先民使粟从野草变成现在的庄稼。到北魏时期,农学家贾思勰在《齐民要术》中介绍的粟品种多达86个,包括早熟、晚熟、耐旱、耐水、耐风、有毛、无毛、脱粒难易、米质优劣等不同性状,反映了当时选种技术的发展和农作物品种的多样化。

玉米,又称"玉蜀黍""包谷""包芦""珍珠米"等,是一种原产于南美洲的农作物。7000年前美洲的印第安人就已经开始种植玉米。哥伦布发现新大陆后,把玉米带到了西班牙。随着世界航海业的发展,玉米逐渐传到世界各地,约在16世纪中期传到我国,18世纪时又从我国传到印度。

现在,玉米在世界各地均有种植,其产量占世界粗粮的65%以上,占我国粗粮的90%。在谷类作物中,玉米的种植面积和总产量仅次于小麦、水稻而居第3位,平均单产则居首位。

目前玉米品种繁多,按籽粒形态与结构可分为硬粒型、马齿型、粉质型、甜质型、甜粉型、爆裂型、蜡质型、有稃型、半马齿型等。按生育期分为早熟品种、中熟品种和晚熟品种。按用途与籽粒组成成分分为特用玉米和普通玉米两大类。特用玉米一般指高赖氨酸玉米、糯玉米、甜玉米、爆裂玉米、高油玉米等。世界上特用玉米培育与开发以美国最为先进，年创产值数十亿美元，已形成重要产业并发展迅速。我国特用玉米研究开发起步较晚，除糯玉米原产于我国外，其他种类资源缺乏，加之财力不足，与美国相比还有不小的差距。近年来，我国玉米育种工作者进行了大量的研究试验，在高赖氨酸玉米、高油玉米等育种上取得了长足进步，为我国特用玉米的发展奠定了基础。

认识杂交育种

(1) 利用基因重组获得能稳定遗传的新品种。

早在新石器时代，我国先民就已经开始饲养猪、鸡、狗、马、牛、羊等六畜。在动物育种方面，在周代对马的外形鉴定已有丰富经验，春秋战国时期伯乐的《相马经》，甯戚的《齐侯大夫甯戚相牛经》可称得上是动物育种方面的专著。我国培育了许多家畜、家禽的优良品种。

现代动物育种历史可以从18世纪算起。当时英国有一位名叫贝克维尔的人，他喜欢进行动物杂交试验，首先从大群动物里选择优秀的个体，再用近亲繁殖的方法获得具有优良性状的纯合体。即使在今天看来，贝克维尔的方法也是非常好的人工选择方案。他用这种方法培育了很多马、牛、羊的新品种。

但贝克维尔的方法是有局限性的。从理论上来说，生物的新类型(新性状)如果是受一对基因控制的，就比较容易获得纯种。例如，豌豆的高茎(D)对矮茎(d)是显性。我们要得到高茎纯种，只需让得到的高茎个体自交，然后将下一代的高茎再自交……经过几代的人工选择以后，就可以得到纯度较高的高茎类型。如果我们要选择矮茎类型,就更简单了。因为矮茎是隐性类型,它一旦出现,就一定是纯种,可以直接推广。

如果新性状是受两对或更多对基因控制的,要得到这些基因都是有利组合的纯合体就非常困难。例如,小麦有高秆(易倒伏)的,也有矮秆(抗倒伏)的;有抗锈病的,也有易感染锈病的。怎样培育出矮秆抗锈病(抗倒伏且抗锈病)的新品种呢?通过杂交试验发现,将纯种矮秆易感染锈病小麦与纯种高秆抗锈病小麦杂交,子一代(F_1)全是高秆易感染锈病的小麦。这种小麦既不抗倒伏又不抗锈病,是不是就没用了呢?其实不然。如果我们要得到矮秆抗锈病的纯种小麦,应该进行下面的杂交试验:

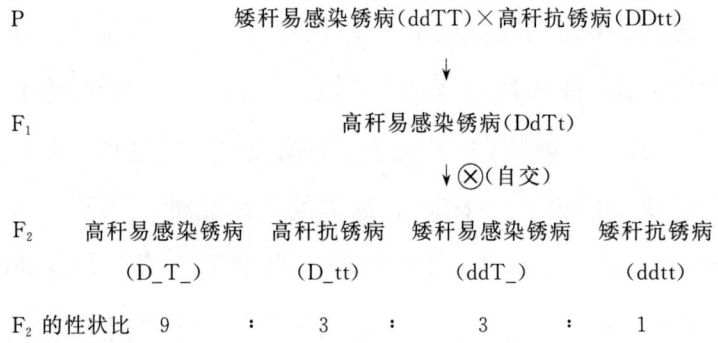

小麦的高矮很容易分辨,抗不抗锈病则需用锈病致病菌检验一下。将 F_2 中矮秆抗锈病(ddtt)的小麦挑选出来,由于矮秆和抗锈病两个性状都是隐性,所以只要表现出这种性状的小麦就一定是纯种,不需要进一步选育就可以直接推广了。但如果新性状是受两对或更多对显性基因控制的,要得到这些基因都是有利组合的纯合体就比较困难。需要经过多代自交,不断选育,直到不再发生性状分离为止。对农作物而言,一般要经过至少五代选育,才能获得有推广价值的新品种。

在生活中,我们经常看到某种农作物的甲品种有一种优点,同时它又有某些缺点;乙品种虽然没有甲品种的优点,但它的优点却正好可以弥补甲品种的缺点。在这种情况下,我们自然会想到:如果让甲和乙两个品种杂交,再从杂交后代中选育出同时拥有甲、乙优点的新品种。这就属于利用基因重组获得优良品种的例子。

我们期望的是这样,可事实上农作物或家畜体内决定优良性状的基因可能是位于一对染色体上的一对基因,也可能是位于多对同源染色体上的多对基因;可能是可遗传的(基因决定的),也可能是不能遗传的(环境改变引起的)。所以,要得到人们期望的能稳定遗传的新品种非常困难。

这就是说,采用杂交的方法利用基因重组获得新品种有一个非常大的缺点,要获得能稳定遗传的纯种需要很长的时间。多长时间呢?培育一种优良动物大约需要60年。因为每个动物长大成年需要1~3年,繁殖的子代长大成年又需要1~3年,而新品系必须经过几代甚至十几代的选择才能获得稳定遗传。60年时间不太长,但一个育种专家需要经过一系列的教育和实践才能培养出来,到他们成为有一定经验的育种专家的时候差不多已经人到中年了,而在这之后开展育种工作,如果出现一两次偏差,可能就终生一事无成。这样看来,育种工作本身的特点决定了培育一个新的品种需要很长的时间,所以只有极个别运气比较好的育种工作者才能取得一定的成就。

尽管存在着许许多多的困难,人们对培育优良农作物和优秀家畜的热情还是丝毫没有减少。到19世纪,随着人们对遗传变异的机理逐渐了解,育种热情更是空前高涨。因此,在这段大约100年的时间里,世界范围有许多家畜新品种被培育出来。仅英国就培育出6个马品种、10个牛品种、20个猪品种和30个羊品种。这一时期的育种工作可以说是一种建立在个人兴趣基础上的研究,还缺乏科学理论的指导与系统总结。

(2) 利用杂种优势培育新品种。

在我国古代的农学典籍《齐民要术》《农政全书》里,曾提到可以将同种农作物的不同品种间作,以此来提高农作物产量。比如用黄色玉米和白色玉米间作,比二者单独分片种植的产量要高。

早在2000年前,我国劳动人民就发现,马的力气大,但吃得多,耐力也不强,劳动寿命只有10年左右。驴的耐力较好,吃得少,但力气小,劳动寿命为15年左右。他们采用母马与公驴杂交,得到力气大、耐力强、节省饲料的"役骡"。这种杂交后代比马和驴都优秀得多:吃得比马少,耐力更强,力气也大,而且劳动寿命大大提高,可以达到30多年。这可以认为是杂交育种的开始。农村里有种说法:一个农民有了一匹役骡,可以终生无忧。就是因为役骡的使用寿命长,聪明又能干,是农民耕田种地的好帮手。可是,由于马的体细胞具有64条染色体,驴的体细胞具有62条染色体,所以骡的体细胞具有63条染色体。由于马和驴是两个不同的物种,它们的染色体是异源的,所以骡的体细胞中不存在同源染色体。骡的性原细胞在减数分裂时,无法完成同源染色体的正常联会,产生正常生殖细胞的概率极低,即使偶尔产生一枚正常的生殖细胞,也是要么与马的相同,要么与驴的相同。因而骡子通常是不能繁殖后代的,所以骡并不是一个新物种。即使极偶然的情况下产生了一个后代,也要么是马,要么是驴,要么是骡,不会像正常动物那样生出的后代一定与母亲是同一种动物。所以,当我们偶尔听说"骡子下了一个小马驹"时,大家都认为这是一件稀奇古怪的事情。

将杂种优势大规模运用到农作物上是近代的事。人们发现在农业生产上使用杂交种,比使用连年种植的优良品种有更明显的增产作用。作物表现为生长整齐、植株健壮、产量高、抗虫抗病能力强等特点。人们把这种现象称为"杂种优势"。

但并不是随便将两个品种杂交,其杂交后代就能表现出我们期望的杂种优势。具体说来,杂交种有以下特点:

杂种优势不是某一两个性状单独地表现出来,而是许多性状的综合表现。

杂种优势的强弱,大多数取决于双亲性状间的相对差异。一般是双亲间的亲缘关系越远,杂种优势越强。

杂种优势的强弱与双亲基因型的高度纯合具有密切的关系。只有在双亲基因型的纯合程度都很高时,F_1群体基因型才能具有整齐一致的性状表现,不会出现性状分离现象,这样才能表现出明显的优势。

杂种优势的强弱与环境条件的作用有密切的关系。性状的表现是基因型与环境共同作用的结果。不同的环境条件对于杂种优势表现的强度有很大的影响。一般来说,在相同的不良环境条件下,杂种比其双亲具有更强的适应能力。

杂种优势在农业生产上最早的大规模应用是种植杂交玉米。玉米是雌雄同体单性花植物,而且雌花在玉米植株中部,雄花在植株顶部,非常容易区分。

在杂交育种时,首先选一块适于玉米生长且周围1000米以内没有种植其他品种玉米的区域(防止自然杂交)。选一个优势品种作母本,另一个优势品种作父本。两个品种间的遗传差异越大,杂种优势越强。在种植的时候,一般每种植4行母本,种植1行父本,这样反复下去。在快要吐穗时,将母本的雄花抽去(去雄)。去雄这个工作需要很多劳力连续10多天的工作。然后等父本吐穗后借助风力传粉。如果遇到阴雨天影响授粉,还要进行人工授粉。根据农民摸索出的经验,在雨后采用一手抓住雄花,另一手抓住雌花,对在一起蹭几下就可以完成人工授粉。这样可以最大限度地减少因为阴雨影响授粉而造成的损失。秋天,将母本上结的种子收获下来,第二年就可以作为杂交种进行推广。

现代育种学的发展

现代育种是以遗传学的基本规律为基础的。孟德尔首先提出,在生物的体细胞中有成对的遗传因子(如 DD、Dd、dd),在生物的配子中有且必有每对遗传因子中的一个(如 D 或 d)。遗传因子(现在称为基因)是控制生物性状的内在因素,生物性状是遗传因子的外在表现。自1900年孟德尔遗传定律被重新发现以后,遗传学的发展日新月异。这门科学对动物和植物的改良起到巨大的指导意义,使育种由缺乏理论指导的个人爱好转变成严谨的科学研究。

在种植玉米杂交种获得增产后,人们又把目光投向了其他农作物。人们发现,对小麦、水稻等雌、雄花在一起,花又很小的农作物来说,杂交育种是很难实现的。最困难的是如何去雄。因为这类作物一个穗子就有几十到上百朵花,一朵一朵地操作,对于一名专业技术人员来说是个不小的难题,大面积种植让广大农民去操作就更不现实了。在这个巨大的难题面前,无数科学家退缩了。我国的科学家袁隆平通过艰辛的努力解决了这个世界性难题。

杂交育种作为传统的育种方法,为粮食增产做出了巨大贡献,但它需要年年制种,工作烦琐且工作量巨大。杂种自交后代会出现性状分离,原来的优势会逐渐淡化。随着科学技术的发展,尤其是细胞工程、基因工程的兴起,给育种工作带来了新的革命。通过细胞工程,人们让两种亲缘关系较远的植物细胞杂交成一个杂种细胞,这个杂种细胞拥有两个物种的全部基因,可以自行繁殖而不退化,具有独特的优越性。比如现在人们培育成功的"白菜甘蓝"。它的叶子很像白菜,但又像甘蓝一样抱得很紧,有利于储存和运输。人们还设想培育出下面长萝卜上面结甘蓝的"萝卜甘蓝",目前还没有成功。

基因工程也为育种工作开创了一条新途径。通过基因工程,人们可以按照自己的"意愿"来改造生物。比如人们发现,苏云金芽孢杆菌能产生一种 Bt 毒蛋白,这种毒蛋白对人畜无害,却能导致棉铃虫等鳞翅目昆虫的消化道溃烂,最终致其死亡。科学家就想,能不能将苏云金芽孢杆菌体内控制毒蛋白的基因提取出来,转移到棉花体内,让棉花也能产生 Bt 毒蛋白,从而抵抗棉铃虫的破坏呢?经过科研人员的努力,美国和我国都培育出了拥有抗虫基因的"抗虫棉"。这种抗虫棉不但能抵抗棉铃虫的破坏,还能节省农药,减轻环境污染,有重要的经济意义和环保意义。

目前,随着人们生活水平的不断提高,对肉、蛋、奶的需求越来越大,对粮食的需求量自然急剧增加。很多西方国家担心我国的发展会引发粮食危机。其实随着科学技术的不断发展,育种方法会越来越先进,增产效果也会越来越好。目前,超级杂交水稻(双季稻)已实现亩产 1500 千克的产量突破。袁隆平根据多年的育种经验认为,水稻还蕴藏着巨大的增产潜力,可以通过先进的生物技术来深挖。例如,玉米的 C_4 基因现已被成功克隆,并正在导入超级杂交稻亲本。理论上 C_4 植物的光合效率比 C_3 植物的水稻高 30%。我们相信我国这样一个人口大国能够通过提高粮食产量来解决自己日益增长的粮食需求。

求学之路

家世与童年

　　袁隆平祖籍江西省德安县。那里山清水秀,气候宜人,是一个风景秀丽的世外桃源。袁家世代务农,繁衍生息在这片宁静祥和的土地上。直到19世纪后期,到曾祖父袁繁仁时,开始弃农经商。经过曾祖父一辈四兄弟的艰苦奋斗,袁家有了一些积蓄,他们举家迁居县城。由于家境渐好,袁家开始重视子女的教育。祖父袁盛鉴就是当地的文化名人,曾通过科举考试,考中了举人。在清末筹划宪政时期,曾进入江西地方自治研究所学习。在孙中山先生领导的民国时期曾当选为江西省第一届议会议员,历任德安县高等小学校长、县农会会长及广东琼崖行政长官秘书长、文昌县县长等职,是当地非常有声望的一个人。

　　父亲袁兴烈出生后,由于受祖父的影响和家庭环境的熏陶,从小就喜欢读书。他毕业于东南大学中文系,也担任过德安县高等小学校长和督学,还曾在平汉铁路局供职,是一名颇具爱国心的知识分子。1937年抗日战争爆发后,袁家老宅被日军炸毁,从此他四海飘零,谋生于外。抗战期间他曾发动一个企业家捐献了500把大刀,赠送给西北军的"大刀队",后来他受到西北军的爱国将领孙连仲重用,做了这位上将的秘书。1947年底,在南京国民政府侨务委员会任职,担任事务科科长。

母亲华静女士是江苏扬州人,她端庄典雅,聪慧善良,曾在江苏镇江教会学校读高中,所以能讲一口流利的英语,是一名知识女性。她高中毕业之后,在安徽芜湖教书。在此期间,她与东南大学读书的袁兴烈相识,后来他们相互爱慕,结为伉俪。婚后她辞去了教师工作,在家操持家务,相夫教子,是典型的贤妻良母。

1930年9月7日,袁隆平出生在这个书香家庭。由于父亲的工作地点经常变动,父母给孩子取名时就按照袁氏家族"隆"字的排辈,再加上出生地。兄弟五人:隆津、隆平、隆赣、隆德、隆湘,即以"津""平""赣""德""湘"的出生地取名。袁隆平出生于北平,因排行第二,乳名二毛。

华静女士除了懂英语之外,还特别爱好哲学、文学等,是一名秀外慧中的知识女性。因此,她对五个孩子的教育也非常出色。她不但重视孩子们的学习成绩,也非常注重他们道德品质的培养,还注意培养他们良好的学习兴趣。在她看来,孩子是一张白纸,可以在纸上描绘出各种各样美丽的图案,而兴趣是打开知识之门的钥匙,是在白纸上作画的画笔。她经常教育孩子们:"要做一个有道德的人,要博爱,要诚实"。她用自己的母爱给孩子带来温暖;用自己的知识启迪孩子们幼小的心灵;用一个母亲所能付出的心血哺育着孩子们,使他们得以健康成长。她经常讲一些美好的故事给孩子们听,还利用自己的英语特长对孩子们进行英语会话的启蒙。这种良好的家庭教育,浓郁的知识氛围,使兄弟五人在学业上都出类拔萃。他们先后考取了高等院校,毕业后分别在新疆、湖南、江西、四川、安徽等地工作,成为国家的有用之才。

改变世界的一粒种子——记杂交水稻之父袁隆平(第二版)

　　袁隆平的父母都是知识分子,这样的家庭环境使他受到了良好的教育,也培养了他热爱生活、独立思考的好习惯。可以说,出生在这样的家庭里,袁隆平是幸运的。但是,他出生在1930年的旧中国,又是不幸的。1937年7月,"七七"事变爆发,日本悍然侵略中国,不久华北沦陷,随后日本侵略者的铁蹄踏向上海、汉口和广州。战火由北向南、由东而西全面燃烧起来,大半个中国都在日本侵略者的践踏之下。从1938年起,袁隆平一家开始了逃亡生活。儿时的袁隆平生活备受艰辛,在战乱流离中逐渐成长成熟起来。我们只需看看袁隆平的读书经历,就知道当时的混乱的中国连一个孩子安心读书的要求都满足不了。

　　1938年春天,袁隆平随父母从汉口动身,乘坐一只小木船,由水路逃往湖南,历时20多天,到达湖南桃园镇。1938年8月,袁隆平转入湖南省弘毅小学读书。在这里,袁隆平度过了他短暂但终生难忘的"世外桃源"式的生活。不久他们又举家迁往重庆,袁隆平转到重庆龙门浩中心小学读书。

　　小学毕业后,袁隆平进入复兴初级中学读初一,后来又转学到赣江中学。由于大哥隆津在博学中学读书,他认为这所学校的教学质量更好,就力劝袁隆平也转到这所学校学习。于是在1943年8月,袁隆平转到重庆博学中学。此后他就一直在博学中学学习,前后共四年多时间。1946年袁隆平全家迁回武汉,博学中学也迁到了汉口,他继续在这所学校读书。博学中学是英国基督教伦敦会创办的教会学校。校舍十分简陋,除了一栋学生宿舍是土坯墙的瓦房之外,其余的房屋都是竹片敷上黄泥建成的。学生吃的是糙米饭,点的是桶油灯,差不多两周才能吃一顿细粮。与其他学校不同的是,博学中学特别重视英语教学。不但英语由外国教师授课,物理、化学也是由外国教师用英语讲授。袁隆平认为,他日后能够顺利阅读英文资料，随口说出想要表达的英语，主要是在中学打下的良好基础。

在重庆读小学时，日本飞机经常去轰炸，空袭警报一响，学校就不能上课了。袁隆平嫌防空洞太憋闷，就跑到河边去游泳。有一天，袁隆平正在嘉陵江里游泳，天空中忽然传来了飞机的轰鸣声，袁隆平从水中探出头一看，是日本飞机。当时飞机飞得很低，连飞行员都能看见。忽然，他看到飞机上扔下来一个黑乎乎的炸弹，接着就传来了猛烈的爆炸声。袁隆平赶紧一个猛子扎到深水里藏了起来。过了一会儿敌机飞走了，他才从水里探出头来继续游泳。这只是袁隆平在那个战乱年代生活的一个缩影。我们不难想象，如果在太平年代，袁隆平的生活不会这样颠沛流离，求学之路一定不会这么曲折艰辛。

善于思考的学生

由于家庭的熏陶，儿时的袁隆平得到了很好的启蒙教育。母亲不但教他做事、做人，还是他的英语启蒙老师，使他从小就有了非常好的英语基础。从小学到初中，再到高中，直到大学，英语一直是袁隆平引以为傲的特长科目。直到几十年之后，对用英语表达自己的见解，袁隆平还能张口就来，从来不"卡壳"，就是因为从小打下的良好基础。少年时期的袁隆平不但学业优异，而且志趣高远，爱好广泛，善于思考。1942年下学期，袁隆平告别了龙门浩中心小学，进入复兴中学，新的学习环境、新同学、新老师、新知识，一切都让他感到好奇，他感到自己的眼界一下子开阔了很多。

袁隆平不是一个古板的学生。后来他回忆起这段时间的生活时说:"我这个人比较较真,对自己感兴趣的知识就要弄明白,喜欢刨根问底儿;不彻底理解就不能放下,非要搞个水落石出不可。"

他对一切新知识都充满了好奇,他喜欢对自己有疑问的地方进行探索。有一堂数学课,老师讲"有理数"。在这堂课中,袁隆平学习了这样一条法则:正数与正数相乘得正数,两个负数相乘也得正数,即正正得正,负负也得正。袁隆平听后想,正数乘以正数得正数,这和小学学的一样。而对负数乘以负数也得正数,这是为什么呢?于是他问老师:"负数乘以负数,为什么得正数?"尽管老师给他耐心地进行了讲解,但袁隆平问的是本源性问题,老师的解答并不能让他满意。这个不大的疑问却让他终生难忘,多年以后,他还记着这个自己没弄明白的问题。在2000年中国国家科学技术奖颁奖大会上,他还向同时获奖的数学家吴文俊院士请教这个问题。吴院士的解答依然没让他满意,他笑着说:"看来这个问题这辈子我是搞不懂了"。换了一般的学生,要么会将这个负负得正的结论死记硬背下来,要么将问题扔在一边算了。由此我们可以看出袁隆平做学问是多么认真踏实。

后来袁隆平到南京中央大学附中上高中,物理课上老师讲了爱因斯坦的质能方程,即

$$E = mc^2$$

E 代表能量,m 代表质量,c 代表光速。这个方程当时刚提出不久,由于为原子弹的研制提供了重要的理论依据而受到全世界的关注,爱因斯坦也因此享誉盛名。

老师讲完这个方程,袁隆平对爱因斯坦产生了极大的兴趣,他不仅对爱因斯坦个人非常崇拜,而且对那不可思议的理论也充满了好奇。袁

隆平想：这个公式中，光速是每秒30万千米，所以质量很小的物质中也蕴藏着极大的能量。但为什么能量和光速的平方成正比呢？……他对这一公式理解不了。于是，又问老师："为什么物质的能量和光速的平方成正比呢？"

爱因斯坦本人经过10年的思考，才于1905年提出了这个著名公式，并且这个公式在当时还仅是一个假说。这个假说直到100多年后的2008年，才由法国、德国和匈牙利的几位科学家借助现代化的实验手段予以证实。对于当时的中学物理教师，袁隆平的这个问题确确实实是难以回答清楚的难题。尽管当时这名老师不能很好地回答，但他表扬了袁隆平，说这个问题提得好，同时力所能及地做了这样的解释："以前人们也知道质量和能量是有关系的，比如一个质量大的胖子撞了你一下和一个质量小的瘦子撞了你一下，你受的力是不同的。爱因斯坦这个公式让人们认识到了质量和能量的准确关系。比如1千克煤，完全燃烧，放出33.47兆焦的热量，能把80千克0℃的冷水烧到100℃。但如果把它的全部能量释放出来，竟有9.04×10^3兆焦，这相当于一个城市几年所消耗的电力。至于怎样才能全部释放这么巨大的能量呢？还有待今后科学技术手段的发展。"

袁隆平听完老师的讲解，感到自己对这个公式理解了很多，从此爱因斯坦成了他心中的偶像，他对探究自然规律也产生了浓厚兴趣，并决心像爱因斯坦那样成为一名大科学家。

"学而不思则罔，思而不学则殆"。他勤于用脑，善于思索，良好的思考习惯不仅使他学习成绩优异，而且学到了不少书本上学不到的东西。

全面发展的学生

1944年,袁隆平转学到博学中学,这是一所拥有初中和高中的完全中学。他在这所寄宿制学校学习、生活了四年。当时,住宿生的生活条件艰苦,吃粗粮饭,点桐油灯,一两个星期才能改善一次伙食。学校管理很严格,每天早晨6点起床洗漱,10分钟后到操场集合做操。通过中学的学习,袁隆平养成了独立性强、自觉遵守时间的好习惯。博学中学是一所重视英语教育的学校,对学生的口语训练非常严格。幸好袁隆平的母亲会讲英语,在他很小的时候就经常用英语和他对话,让他从小就对英语产生了浓厚的兴趣。袁隆平认为他后来能用英语与外国同行交流,主要是上中学时打下的良好基础。

袁隆平在学习时不愿死记硬背,擅长思考,喜欢问为什么,在学习中有自己的独立见解。这使他成为班级里一个非常有个性的学生,受到老师和同学们的称道。

他课上积极思考,对自己感兴趣的课程喜欢追根溯源,喜欢问为什么。课下他又是一个有着广泛爱好的活跃分子。他擅长各种文体活动,能唱能跳,跑步、游泳都是他的长项。在这段时间,他还利用业余时间学会了跳踢踏舞,这种爱好一直保留下来。

袁隆平最喜爱的运动是游泳。他的游泳技术还是在童年时练就的。那是1938年,在那个战火纷飞的年代,他们一家四处漂泊。从汉口逃难到湖南省桃源县时,在乘船过沅江的过程中,袁隆平不慎落水。幸亏船工跳水相救,才转危为安。8岁的他决心像船工那样学会"划水",将来也能在水里救人。经过长时间苦练,他不但拥有了高超的游泳技术,身体素质也大大提高。

1947年,汉口市举行了一次游泳比赛,袁隆平由于身材瘦小,没被选中。但他太喜欢游泳了,就在参赛那天偷偷混进了赛场,被体育老师发现,最终同意他去参加比赛。结果他一鸣惊人,夺得了汉口赛区男子100米和400米自由泳第一名。不久之后,在湖北全省的比赛中又夺得了男子自由泳银牌。

"到中流击水,浪遏飞舟",袁隆平很喜欢毛主席的这句诗。无论是在湘辉农校,还是在海南的试验田,抑或是在研究所里,游泳都是他最喜爱的业余活动。他经常在一天的劳累之后,带领助手们去畅游休憩。这不仅锻炼了身体,还造就了他百折不挠、勇于搏击的个性。直到今天,他还说自己在游泳方面是一流的水平,至于打排球,下象棋,他也都能得心应手。

他在谈起业余爱好时曾说,每个学生都应该有自己的业余爱好。我们这些成年人除了要关注孩子的健康和学习外,还要培养他们的兴趣爱好:"对音乐、美术、体育……总要有某一方面的兴趣,生活才不单调。"

选择农学

到1949年夏季,袁隆平高中修业期满,面临着进一步深造的选择。在应试教育的背景下,报考哪所学校,学习什么专业,是决定一生职业发展的大事。报考哪一所大学呢?这成了一家人经常讨论的问题。这一天,袁兴烈叫来妻子华静和儿子袁隆平,共同商讨袁隆平的发展方向。当时在南京国民政府侨务委员会事务科任科长的父亲,多年来走南闯北,社会经验十分丰富。他期盼自己的儿子更有出息。因此,他希望袁隆平报考南京国立中央大学,以便日后学业有成,到政府部门发展。袁隆平虽然很尊重父母的意见,但他还是想做自己最感兴趣的事,那就是学农。这个专业的选择源于他儿时的一个梦想。

在武汉读小学时,当学校组织同学们郊游去参观园艺场后,他就下定决心要学农了。

这让父母非常着急,母亲耐心地对他讲:"孩子,你从小生活在城里,不知道农村的苦啊,还是别学这个了啊。"他们反复劝说,袁隆平就是听不进去,执意不改。他还和父母争辩农业的重要性,说吃饭是天下人的第一等大事,没有农民种田,我们就不能生存。最后,开明宽厚的父母尊重了他自己的选择,于是他如愿以偿地考进了农学专业。

袁隆平回忆说,"要是老师没有带我们去园艺场,而是去了当时的农村,可能我就会产生农村又脏又乱、又穷又苦的印象,这样我可能就会选择别的专业。"

也许是机缘巧合,袁隆平并没有走"学而优则仕"的道路,而是选择了自己喜欢的事业,虽历尽艰难而终生不悔,的确难能可贵。

丰富多彩的大学生活

1949 年,袁隆平来到重庆相辉学院农学系读书。1950 年,全国高等学校院系调整,相辉学院与云南大学、四川大学、贵州大学等 10 所综合大学中的农业类系科合并成一所农业类高校——西南农学院。由于各校农学方面的顶尖人才汇聚一堂,学校雄厚的师资力量,浓郁的学术氛围,使他受益匪浅。在这里,他不仅学到了很多对后来发展非常必要的专业知识,也培养和提升了他的科研能力,为以后进行杂交水稻研究打下了坚实的基础。

与专业游泳队员失之交臂

在大学里,袁隆平爱好广泛,喜欢打球、拉小提琴和游泳。老师和同学记得,他虽然学习成绩不是特别突出,但人很聪明,也善于思考。

在课余时间,他最喜欢的还是游泳。袁隆平的水性在中学时就已小有名气,湖北省男子自由泳第二名的荣誉,随着档案带到大学,让他有幸参加了大学里的很多体育赛事。到大江大河里畅游不但是他的课余爱好,还差一点让他成为一名专业的游泳运动员。

西南农学院坐落在半山腰,学校山脚下的那片江水正是嘉陵江的中游地段,江面开阔,水流缓慢,水质清澈,是一处非常理想的野游场地。近水楼台先得月,酷爱游泳的袁隆平自然不会浪费这样好的条件。于是,只要一有闲暇,袁隆平就会和同学们到嘉陵江里畅游一番。几个年轻人,伴着江上白帆点点,号子声声,欢快地跳入江中,不停地变换泳姿,像鱼儿一样惬意嬉戏,尽情地释放着青春的激情。有时候,他们觉得平静的水面游得不过瘾,就会增加难度,游到水面相对狭窄、水流湍急的地方,逆流而上,享受拼搏的乐趣。

1951年春,由贺龙元帅主持,在成都召开了西南地区第一届田径运动会。这不但是一个地区的体育赛事,还要为国家队选拔人才。西南地区的各所高校也都派了代表队参加。

袁隆平是西南农学院游泳队的一员。不曾想就在去成都比赛这一天,他却因为贪吃成都小吃而吃坏肚子,全身乏力。领队看袁隆平难受得不行,就劝他放弃比赛,袁隆平再三表示不要紧。在他的眼里这不算什么,只要自己用力游就会取得好成绩。果然,在200米自由泳中,他凭借良好的预赛成绩顺利闯进了决赛。

决赛开始时,发令枪声一响,他就像出膛的子弹一样"嗖"的一下跳进了泳池,一路劈波斩浪,前100米一直领先,可惜因为腹泻而后劲不足,被三人超越,最终获得了第四名。

遗憾的是,国家游泳队在全国各个赛区只录取前三名,袁隆平最终与专业游泳失之交臂。

2004年袁隆平在海南三亚南海畅游

虽然没有成为专业的游泳运动员,但游泳一直是他最大的业余爱好。后来无论走到什么地方,只要遇到能游泳的江河湖海,他都忍不住畅游一番。游泳不仅锻炼了他的体魄,也磨炼了他的意志,培养了他力争上游、不服输的精神。

参加工作以后,只要单位组织游泳比赛,袁隆平一定是冠军。他的水平就连那些刚参加工作的小伙子也自愧不如。在湖南杂交水稻研究中心举行的游泳比赛上,随着发令员一声枪响,袁隆平一个远跳,接着三两下就把其他队员远远地甩在后面。当年差点进国家游泳队的实力确实非同一般。

业余的小提琴演奏家

袁隆平有着一副深沉浑厚的好嗓子,是学院合唱团的一员。他能把当时最为流行的苏联歌曲《喀秋莎》演绎得声情并茂,惟妙惟肖。他不仅参加学校组织的歌唱演出,课余时间也是连哼带唱,生活得很有情趣。

这期间还发生过一件很有趣的事情。在袁隆平考入相辉学院不久的一天,他正在宿舍与同学们闲聊,忽然从隔壁传来一阵优美的小提琴声,这琴声引起了袁隆平的注意。他细听之后,如遇知音,马上站起来,跑到隔壁,也不敲门,就直接推门而进。一进去他看见一名同学站立窗前,全神贯注地拉着小提琴。原来是他的同学梁元岗。等琴声一停,袁隆平就走上前去,和梁元岗攀谈起来。

后来,袁隆平用省下的零用钱,买了一把便宜的小提琴,向梁元岗学习拉小提琴。他乐感好,悟性高,很快掌握了要领,能拉得有声有色了。就在这一年系里举行的新年晚会上,他与梁元岗演出了小提琴二重奏,受到师生们的好评。

大学毕业后,在都市里长大的袁隆平,被分配到安江那个穷山窝里工作,一晃十几度春秋。每当皓月当空、繁星闪烁的夜晚,他都会坐在田埂上拉琴娱己娱人。如泣如诉的琴声可以排遣乡下生活的寂寞，也可以暂时解脱工作中的挫折和困难，还能陶冶自己的情操。对袁隆平来说，在田里劳累了一天之后，晚饭后拉上一段小提琴，是一种放松，也是一种享受。

差点当上空军飞行员

1950年10月，朝鲜战争爆发，全国各地纷纷用各种方式支援前线。1951年夏季，国家打算在全国的大学生中选拔一批飞行员。当时仅西南农学院就有800多人参加选拔，而最终只能有8人入选，竞争的激烈程度可见一斑。由于袁隆平酷爱运动，身体素质非常好，他一路过关斩将，淘汰了众多的竞争对手，光荣入选。

这个消息迅速轰动了大学校园，同学们围在光荣榜前议论纷纷，认识的同学都跑去向袁隆平祝贺。想到自己就要驾驶飞机翱翔天空了，袁隆平也格外高兴，他兴高采烈地参加了空军预备班的学习，进行相关知识的培训。

就在袁隆平兴致勃勃地准备去空军学校报到的时候，突然被告知继续留在大学学习。原来，随着各方努力，前线局势逐渐缓和，用不了那么多飞行员了。这样，只留下了选拔上来的高中生，像袁隆平这样的大学生一律留在原学校读书。因为当时全中国加起来只有20多万大学生，新中国刚成立不久，百废待兴，急需人才，高中生能胜任的工作，就绝不用大学生。

袁隆平谈到这一经历时幽默地说："我想做运动员，结果被淘汰了；想做飞行员，结果也被淘汰了。就只好回来干农业了。"

也许从袁隆平年轻时的个人爱好出发,他想当运动员,也想当飞行员。他没有机会从事这两个自己喜欢的事业,却从事了自己喜欢的另一个事业——农业。这对他个人来说也许有些遗憾,但对全国人民来说,其实是一件天大的幸事。

"自由散漫"的学生

袁隆平自小家庭条件不错,不用为衣食发愁。父母都是知识分子,家庭氛围民主温馨。正是有这种和谐自由的成长环境,使他的学习和生活都抛开了世俗的功利,由着自己的兴趣一路成长。他爱好体育,一有空就去游泳、打排球;他喜欢音乐,就花费大量的时间拉小提琴。在读小学时,袁隆平曾逃课带着弟弟去游泳,结果被父亲用望远镜发现了,"打了一餐饱的"。对此他多年后仍记忆犹新。

大学时代的袁隆平,依然保持着乐观自由的天性。他喜欢的事情,不用别人要求也能做得很好,不喜欢的事情就草草地应付了事。因此,在一些老师眼里,袁隆平一直是个不上进的学生。每天上早操,他总是到了集合铃响以后才"腾"地从床上跳起来,被子也不叠,一边系着裤腰带,一边往操场跑。当时学校评定学生成绩实行五分制,三分为及格,对自己不喜欢的科目他就以三分及格为标准。他编的顺口溜在班级上流传:

三分好,三分好。

不贪黑,不起早。

不留级,不补考。

由于对待学习是这样的态度,导致他偏科很严重。喜欢地理、化学、英语,这些科目他就在课上、课下用心地学,能拿班级里的最高分。直到九十高龄,他还保持着随口飙英语的习惯,就是因为他喜欢英语,自然学得就好。他不喜欢数学，就学得"一塌糊涂，连及格都费劲"。语文也不好，写作文时因为经常套用"光阴似箭，日月如梭"，被老师狠狠地批评过。班级里的集体活动，喜欢的游泳不用老师说，他也会第一个报名参加，不喜欢的就敷衍了事，甚至找不到踪影。所以在一些老师的眼里，他就是那种自由散漫、不求上进的学生，班级里发展共青团员都没有他的份。大学毕业时，同学们说袁隆平的毕业鉴定上应该这样写："爱好：自由；特长：散漫"。

在今天看来，对自己感兴趣的事就用心做，全心全意地努力做好，正是这份简单和执着成就了袁隆平。

业余排球运动员

袁隆平良好的身体素质使他在其他体育赛事上也毫不逊色。大学期间，他还是学院排球队的队员。这些爱好给他工作后的生活带来了很多乐趣。袁隆平回忆说，年轻的时候，他一直是主攻手，还是省直机关排球队的主力队员。他说："我在场，就赢；不在场，哼，就输呗。"

长沙很流行五人制老人排球。老人排球比一般排球要大两圈，也比一般排球更软、更轻，当然速度也就慢了许多。除了球有些不同，比赛规则与一般排球比赛一样。袁隆平经常和老年朋友玩这种排球。比赛时，轮到他发球了，只见他把球往地上"啪啪"拍了两下，抬头往对方的场地看了看。"腾"的一声发了一个高空球，直奔对方的后场，正好砸在边线界内，对方无人能接到。袁隆平高兴地在发球区转着圈和队友们一起呼喊着，并和他们一一击掌相庆……下场后记者夸他排球打得好，他还"一点都不谦虚"地说："我打排球也就是二三流的货色，要说游泳，那才是一流的。"

求学之路

袁隆平下班后与青年人打排球

曲折的科研之路

敬业的老师

  1953年,袁隆平从西南农学院毕业了。作为新中国的第一代大学生,在"到农村去,到最艰苦的地方去,到祖国最需要的地方去"的大背景下,他在分配志愿表上填了"愿意到长江流域工作"。结果他被分配到湖南省农林厅,再被分配到偏远的湘西雪峰山麓的安江农校教书。接到通知后,他在地图上找安江,找了半天都没找到。最后好不容易找到了,才知道被分配去了那么偏僻的地方。但他没有考虑地区的偏僻和未来工作的艰辛,就马上由重庆顺长江而下,过三峡到武汉,转火车到长沙,再乘烧木炭的老式汽车翻越雪峰山,历时半个多月行程两千多千米,风尘仆仆地赶到唐朝诗人王昌龄诗赞的"醉别江楼橘柚香"的黔阳县,到安江农校教书。校长向他们几个新分配来的大学生介绍学校时,特意强调学校"有电灯",说有电灯就不是乡下。在这里,袁隆平从事了十九年的教学、科研工作。

  袁隆平很快就熟悉了学校周边的环境。他发现离学校不远就是沅江,这是一个游泳的好去处,所以他一下子就喜欢上了这个世外桃源一般的学校。

第一个学期,学校里缺俄语教师,就安排袁隆平教俄语。"大学学的是农学,怎么让我教俄语?"虽然有点不满,但他考虑学校缺乏师资的困难,还是服从组织安排,认真做好自己的教学工作。他想,俄语最难的就是卷舌音"P——",由于会唱俄语歌《喀秋莎》,能准确地发好这个音,所以他觉得自己能胜任这项教学工作。他想尽办法多方搜集资料,精心备课。在课堂上他教学方法灵活,幽默诙谐,平易近人,很快就博得了学生们的喜爱。可以说是教一门,钻一门,爱一门。但俄语毕竟不是自己的长项,他时刻想做的事情,还是搞专业研究。

学校领导看到刚刚参加工作的袁隆平每天起早贪黑,兢兢业业地工作,是棵好苗子,就在第二年安排他到遗传育种教研组工作。回到老本行之后,他曾先后教授过生物学、作物栽培、遗传育种等农业基础课和专业课。在教授专业课的时候,为了让学生听得明白,学得透彻,他用了大量的时间钻研教材,查阅资料。在教学相长的实践中,他自己的专业水平和科研能力也在逐渐提高。

1954年,他教普通植物学。这是一门比较枯燥的课程,为了让学生产生兴趣,他努力通过实验引导学生学习。为了让学生对植物学产生兴趣,他带着他们深入田间地头熟悉植物,从根、茎、叶、花、果实、种子等结构一一讲起。在课堂上,他借助显微镜讲授植物的内部构造。从植物的外部形态特征到内部解剖结构,从植物的一般生物学特征,到其内在的代谢机理和遗传特性等等,给学生进行系统的讲解。为了在显微镜下观察植物组织器官的微观构造,他刻苦练习徒手切片技术。成千上万次的苦练,使他很好地掌握了这项技术。在以后的教学和科研当中,他那出色的实验技术起到了重要的辅助作用。

在备课时，为了使自己准备的内容精彩实用，他经常提出各种问题自考自答。为了能够深入浅出地解释那些比较深奥的农学理论，他常常带领学生们进行植物解剖实验，还教他们栽培各种农作物，在生产实践中学会相关的理论知识。他曾深有体会地说："教师的知识高度决定了他的授课水平。即使浅显的问题，如果教师专业知识不够精深，也不可能把课讲透彻！"

袁隆平除了教课，还兼任农学班的班主任。他回忆说："我有个弱点，就是不会做思想工作，但是我会充分发挥团支书、班长、学习委员这些班干部的作用。"于是班级的纪律管理和思想工作他都交给班干部，自己则领着学生拉小提琴，学游泳，练跑步，搞各种文体活动。

1959年，中华人民共和国成立10周年。这一年恰逢袁隆平的而立之年，也是他从事教学工作的第七个年头。在国庆节前夕，他以"我的十年"为题，对自己在这10年中的成长与进步进行了回顾和总结。文中写道："全国解放10年来，在党的教导下，我明白了一个道理。那就是全心全意为人民服务才是人生最光荣的一件事。""在这10年里，特别是在参加工作以后，我始终坚持一边教学，一边科研，教学与科研、生产紧密结合。"多年的教学实践，使袁隆平既有一定的理论基础，又有非常强的动手能力。这时的他不仅是一名合格的中专教师，还是一名潜在的农业专家型人才。

不迷信权威的研究者

在"大跃进"的年代，农业上的浮夸风很普遍，"人有多大胆，地有多大产"，形容大田水稻是"密密麻麻不透风，要是卫星掉下来，也要弹到半空中""开展小麦双千斤县、三千斤社、五千斤大面积丰产田、万斤高额丰产田运动"等口号喊得震天响。

袁隆平从报纸上看到,甘肃文县的一个青年突击队创造了马铃薯亩产8500多千克的高产纪录,贵州金沙县创造了单季亩产稻谷1500多千克的纪录。对报纸上的这些说法他感到非常震惊,一方面觉得权威的报道应该相信,一方面又觉得这一定是严重的浮夸和吹嘘。作为一个在生产一线多年的农业技术人员,他知道,当时最好的品种加上最好的栽培技术,亩产也难过500千克。

报纸上是连篇累牍的高产浮夸,现实生活中却到处都是吃不饱的群众。有人实在饿得没办法,就去吃一种"观音土"。这是一种白色的土,闹饥荒的时候有很多人都吃过,这种土不能被人体消化,所以就不会觉得肚子饿。由于不能吸收,没营养,人最后还是要死,但总归是个"饱死鬼"。袁隆平目睹了一名豆蔻年华的少女,因吃了观音土,不能大便,结果活活憋死了。"死时,她的眼睛竟因痛苦的挣扎像金鱼那样鼓了出来。回顾三年自然灾害的经历,我自己曾经挨过饿,看到了广大农民都在挨饿,还亲眼看到了饿死人的情景,还从报纸上看到毛主席和周总理都在带头节食,我更加深切地感受到'民以食为天'这句话说的是多么实在。"

袁隆平后来回忆说:"人有多大胆,地有多大产",可以骗那些没有阅历的农民,也可以骗那些没去过农村的城里人,但骗不了我们农业科技工作者。当时觉得,我们这些农业科技工作者的责任非常大,我们一定要尊重客观事实,用真实的数据回击浮夸风。

袁隆平决心自己通过科研实现真正的高产。他最早的研究对象是红薯。红薯又称番薯,是美洲印第安人培育的农作物,后来辗转传到我国。在当时的南方农村,水稻产量很低。红薯是人们的主要口粮,素有"野菜野果当杂粮,红薯要当半年粮"的说法。所以培育高产红薯有着非常直接的现实意义。

在上大学期间,袁隆平就学习了一些嫁接、分根、扦插等采用营养生殖繁育果树的知识。参加工作后,有了一定的科研条件,他就想运用自己掌握的知识提高红薯的产量。在人们的想象里,如果把萝卜和甘蓝进行杂交,培育出地上结甘蓝,地下长萝卜的新品种,就可以利用有限的土地获得最大的产量。这样类似的设想还有很多,比如地下结马铃薯、地上结西红柿的马铃薯西红柿,根为甜菜、叶为白菜的甜菜白菜等。但美好的愿望需要在符合实际的前提下,再付出艰苦的努力才会实现。

说到这里我们必须介绍一下当时我国学术界对遗传问题、育种问题的看法。由于受苏联的影响,我国育种学界只相信苏联认可的米丘林-李森科遗传学,对西方国家奉为经典的孟德尔-摩尔根遗传学弃之不用,还将孟德尔、摩尔根等人视为社会主义国家的敌人。李森科认为关于哪一种是科学的遗传学的争论就像关于"集体化"的争论一样,是无产阶级与资产阶级之间的斗争。1948年8月,苏联召开了全苏农业会议(又称"八月会议"),这次大会有1000多名代表参加。在大会上,李森科作了《论生物科学现状》的报告。在报告中他提出无性杂交获得的变异是可以遗传。他认为无性杂交可以改良品种,创造新品种。他把孟德尔-摩尔根学说定性为"落后的、资产阶级的遗传学",而将获得性状能够遗传的米丘林学说定性为"先进的、社会主义的遗传学"。

按照这个理论,如果将萝卜嫁接到甘蓝上,将会地下长萝卜,地上结甘蓝。它们的后代还是地下长萝卜,地上结甘蓝。这个现在中学生都知道不可能的错误的论断,在当时却是不能动摇的"真理"。在这个理论的指导之下,很多育种专家走了无数的弯路。

20世纪50年代,我国高等学校的遗传课程中主要讲授米丘林-李森科遗传学,袁隆平上大学学习的就是这套理论,他也成了这套理论的忠实实践者。所以一开始搞科研,他也局限在这个理论所划定的小圈子里。他把一种叫月光花的植物的嫩枝嫁接到红薯上,希望上面结籽,下面接红薯,能提高红薯产量。果然,1958年,他嫁接的"月光红薯"获得了大丰收,其中最大的一篼"红薯王"达到了13.5千克。在那个浮夸的年代,袁隆平着实放了"一颗卫星"。不过,别人的"卫星"是吹出来的,他的"卫星"是实实在在的,有试验基础的。所以,袁隆平的"卫星"获得了人们真心实意的称赞。

可是第二年,他将嫁接后得到的月光花种子种下去,长出来的就是月光花,地下根本就长不出红薯;将收获的红薯种下去,长出的就是红薯,不见他前一年嫁接上去的月光花。他还做了其他的一些试验,比如尝试让马铃薯和西红柿杂交,获得能够地下结马铃薯,地上结西红柿的新品种,也没有获得成功。究其原因,是因为嫁接上去的月光花枝条的基因型还是月光花的,嫁接上去的西红柿的枝条的基因型还是和西红柿一样。即嫁接枝条不带有下面的"砧木"的基因。它们结的种子和没有嫁接的月光花、西红柿的种子没有区别,当然就不会长出红薯和马铃薯来了。这样,连续几的"无性杂交"试验都失败了。

袁隆平感到迷茫,开始怀疑"无性杂交"理论的一贯正确性。在试验失败之后的苦闷和彷徨之余,他继续查找资料,希望找到可行的增产办法。在一次翻阅资料时,他偶然得到了一本摩尔根的《遗传学》,随手翻了几页之后,他就被书中的内容吸引了。在以后的一段时间里,他把这本书用一沓报纸夹上,当有人走近的时候他就假装看报纸,四周没人的时候他就偷偷地学习。袁隆平结合自己的实践和研究,越读越觉得这本《遗传学》说得有道理。他开始怀疑李森科的"新遗传学"的真伪。一段时间之后,他虽然害怕受到批判而不敢公开讨论孟德尔-摩尔根遗传学,内心则转变成了孟德尔-摩尔根遗传学的坚定支持者。

接触杂交稻

早在1859年,达尔文就指出了"杂交优势"的存在。1866年,奥地利修道士孟德尔根据他的豌豆杂交试验发表了论文《植物杂交试验》,提出了现在称为孟德尔遗传定律的基因的分离定律和自由组合定律,从而奠定了遗传学的基础。20世纪是遗传学高速发展的时代。孟德尔遗传定律于1900年被不同国家的三位遗传学家在各自设计的杂交试验中重新发现。至此,孟德尔的工作结果才受到重视,孟德尔也因此被称为遗传学的奠基人。1910年美国遗传学家摩尔根发现了基因的连锁和互换定律,之后又提出了基因的染色体学说,使遗传学的发展达到了细胞遗传学的水平。1953年美国分子生物学家沃森和英国物理学家克里克提出DNA双螺旋模型,标志着遗传学的研究深入到了分子水平。

遗传学的发展为农作物育种提供了坚实的理论基础和全新的操作思路,育种的方法也在不断创新。在20世纪20年代,美国首先利用杂交育种的方法培育出了高产玉米。玉米是雌雄异花的,进行人工杂交比较容易。水稻则是自花授粉的,花小且多,不易人工授粉。另外,当时的遗传学界普遍认为像水稻这样的自花授粉植物是不存在杂交优势的,所以进行人工杂交试验就是徒劳。袁隆平不认同这个观点,他认为遗传规律是普遍存在的,他要把这些遗传学原理尝试应用于水稻生产上。

1960年袁隆平从一些期刊上获悉,杂交高粱、杂交玉米、无籽西瓜等都已广泛应用于生产实践中。这使袁隆平认识到:遗传学家孟德尔、摩尔根及其追随者们提出的基因分离、自由组合和连锁互换等规律对作物育种有着非常重要的意义。总结了自己这几年试验失败的教训,袁隆平认识到只有用现代遗传学的理论指导自己的试验才有前途。于是,袁隆平跳出了无性杂交学说的怪圈,开始大胆地向学生传授染色体、基因学说,讲授杂种优势利用在作物育种中的广阔前景。结合自己所在地区的现实情况:红薯不是主粮,小麦在这里很少种植,自己接触到的农民们最盼望的就是每天都能吃上香喷喷的白米饭。于是,他决定利用杂种优势培育高产水稻新品种。

1961年7月,袁隆平偶然在早稻试验田里发现了一株鹤立鸡群的水稻变异株。这株水稻长得又高又壮,分蘖产生的10多个大穗子像瀑布一样向下垂着,十分显眼。袁隆平凑近了观察,他挑起一个稻穗数了数,竟有230粒!他如获至宝,收获时把这些稻穗的种子单独收集起来,结果第二年种下去之后长出的子代却参差不齐,抽穗早的早,迟的迟;植株高的高,矮的矮。原本以为自己得到了能大幅度增产的新品种,谁知结果却是这个样子。这使袁隆平大失所望,难道自己费尽心机找到的变异水稻是个废物?这让他辗转反侧,夜不能寐。"失望之余,我突然来了灵感:如果它是纯种的话,它就不会出现性状分离,因此,我推测它是一个天然杂交稻"。经过统计计算,这棵杂交稻的后代高矮分离比正好是3∶1。他立刻意识到这是一个突破性的发现,这更坚定了他搞杂交水稻的信心。袁隆平小心翼翼地把这些水稻子一代移栽到花盆里。第三年春天,他又把子一代的种子播到试验田里继续观察。从子二代的性状分离情况来看,前年那棵与众不同的水稻一定是个杂合体,也就是说,它是一棵天然的杂交稻。

根据自己在资料上看到的结果,袁隆平知道,在正常种植情况下,水稻的天然异交率为 $0.1\%\sim0.2\%$。此外,他还在籼稻和粳稻混作的稻田里发现过高大的"公禾",这是由于籼稻和粳稻是栽培稻的两个亚种,"公禾"是它们的杂交后代,它营养生长旺盛,常常高出普通水稻一大截,却不能结实。

他想:既然自然界客观存在着"天然杂交稻",那就说明水稻可以在自然状态下实现品种间的杂交,那么让水稻在人工控制条件的情况下培育高产杂交稻就不是天方夜谭。

可是,刚过而立之年的他还不敢确信自己的想法是否正确,他想听听权威专家的意见。于是,1962年暑假他自费前往北京,拜访中国农业科学院作物育种栽培研究所的鲍文奎研究员(1980年被评选为中国科学院学部委员)。

鲍文奎1939年毕业于中央大学农艺系,1947年赴美国加利福尼亚理工学院学习生物学,1950年获博士学位后回国。鲍文奎是我国著名的遗传育种学家,中国植物多倍体育种的先驱。他培育的异源八倍体小黑麦在青藏高原等高寒山区推广,大幅度提高了当地的粮食产量,改善了人民的生活水平。

鲍文奎对袁隆平的想法非常赞同。他鲜明地指出了李森科遗传学的错误,认为他的遗传学是主观唯心论。他鼓励袁隆平大胆探索,"实事求是才是做学问的态度"。他不仅对袁隆平悉心指导,在中国农业科学院的图书馆里还指点袁隆平阅读了很多杂志和书籍。从北京回来，袁隆平有了主心骨，他开始一心一意地研究杂交水稻。

可是，水稻不同于玉米，在前面"杂交育种的过去与现在"中提到，要实现不同品种的水稻之间的杂交是非常困难的。在一个稻穗上，有几十朵到上百朵雌花和雄花并存，要让不同品种的水稻进行杂交，首先就要避免它们自花授粉（自交），如果采用玉米那样的人工去掉雄蕊再人工授粉的方法，在操作上的难度是非常大的。更难的是，水稻花中的雌蕊，只在很短的时间内接受花粉。除了人工去雄以外，另一个选择是喷洒药物杀雄，存在的问题有药物的效率、喷洒时间的确定等。

如果是小规模试验，处理一两个稻穗，用人工方法是完全可以的。但要在农村大面积推广，就要求育种环节简单易行，这样才能让文化水平不高的农民学会，而且必须节省劳力，否则就会增加制种成本，最终没有推广价值。那么，怎样才能在不花费较多人工的前提下让不同品种的水稻进行杂交呢？这成了袁隆平每天都在思考的问题。

他开始搜集和这个问题有关的资料。那几年自费订阅的外文资料也派上了用场。他了解到，在植物群体中也存在个别不育的个体。有的是雌蕊不正常，有的是雄蕊不正常。他推测，自己发现的那株天然杂交稻应该是一株不能产生正常花粉的"女儿稻"。也就是说，这是一株雄性不育却能产生正常卵细胞的水稻。这让他灵光一闪：如果找到雄性不育的水稻，将雄性不育系作为母本，和雄性可育的父本在大田中间隔种植，不就省去了人工去雄的烦琐了吗？这样就可以大面积进行水稻杂交种的培育了。

其实，在同一时期，国际上已经有人发现了类似的规律。美国人 Henry Beachell 于 1963 年在印度尼西亚进行杂交水稻培育，他因此被一

改变世界的一粒种子——记杂交水稻之父袁隆平(第二版)

袁隆平在查阅资料

些同行称为"杂交水稻之父",并因为这一发现获得了1996年的世界粮食奖。但他的杂交水稻在技术上还不成熟,未能进行大面积推广。

后来,日本科学家曾提出用不育系、保持系、恢复系三系法来培育杂交水稻,甚至提出了让野生稻和种植稻杂交,获得高产的杂交水稻。最终,日本人找到了雄性不育的野生稻,但他们培育的杂交水稻增产效果并不好,虽然后来又进行了多种尝试,却始终没能培育出具有产业化价值的杂交稻。

这些经验教训,偏居一隅的袁隆平当时并不清楚。他执着地认为,如果让一个优良品种的水稻"患上"雄性不育,再让它接受另一个优良品种的花粉,不就既避免了人工去雄的烦琐,又实现了两个优良品种的杂交了吗?有了这个思路,袁隆平觉得杂交水稻不是可望而不可即的梦了。可严峻的现实又摆在眼前:到哪里去找"患有"雄性不育症状的水稻呢?在水稻这个物种中存在这样的变异类型吗?如果真有这样的变异类型,它的遗传机理是什么?找到之后怎样操作呢?操作之后成功的概率又有多大？外国人拥有那么先进的条件都没有成功，我能成功吗？如果是一个谨小慎微的人，一定会被这一连串难题所击倒。

但袁隆平没有考虑这么多，他把全部精力都用到了怎样培育杂交水稻这件事情上了，对名利、对成败他从来没有考虑过。

要培育杂交水稻，首先要解决的难题是找到水稻的雄性不育株。说是难题，解决办法又出奇的简单：就是寻找。炎热的夏季中午，正是水稻开花授粉的时刻。袁隆平吃过早饭就去下田，他带的两个馒头就是他的午饭，一直忙碌到下午四点多才能回到学校。因为没有水靴，他都是赤脚踩在稻田的冷水中。头顶上是火辣辣的太阳，很热；脚下是稻田里的泥水，很凉。这样差的条件和不规律的饮食，使他患上了肠胃病，稍有不慎就腹泻不止。

1964年夏天，袁隆平和他的学生潘立生在稻田里手拿放大镜，一垅垅、一穗穗地观察，每天都是从充满希望开始，又十分不甘心地结束。在苦苦地寻找了一些日子之后，袁隆平真的有些着急了，因为再过几天，一年一度的水稻扬花期就要过去了，错过了这个季节，就只能寄希望于明年了。

就在助手们都感到灰心丧气的时候，袁隆平依然鼓励大家和他继续寻找。因为那棵雄性不育株就是他实现水稻人工杂交的一把金钥匙。

火热的太阳无情地烘烤着大地。虽然袁隆平常年在野外劳作，却从来不采取防护措施。下雨不带雨伞，天热不戴草帽，是他的一大习惯。只要他一钻进稻田，就什么都忘记了。老伴强迫他带的雨伞不知道让他丢了多少把，让他戴的草帽也总是随手就放在一边，时间久了，遂不再打伞戴帽。无论下多大的雨，有多么晒人的日头，他都习以为常，眼都不眨一下，本来就一瘦小身材的小老头，被晒出黝黑亮堂的肤色，于是同事戏称他为非洲

"刚果布"。从小就注意身体锻炼的他,依靠强健的体魄战胜了无数个高温酷暑,从来没有因为天热而影响工作。他说:"有的记者说我中暑了还坚持工作,那是夸张。我从来不中暑,因为我身体好。"其实,没有人给他布置研究杂交水稻的任务,也没有人要求他在炎热的中午去寻找雄性不育株。这在当时是一个世界性的难题,那些先进的植物研究所都觉得没有什么希望,不去花费他们认为是徒劳的精力。而且,事实上,一所小小的安江农校也承担不起这么大的试验项目,更何况在那样的年代,浮夸之风盛行,"卫星"纷纷上天,又有几人能够静下心来潜心科研呢?

这就是袁隆平的可贵之处,没有想到成功与失败,没有想到名誉和金钱。只要利国利民,自己认准的事情,就要义无反顾地做下去。就是因为这份简单和执着,使袁隆平的人生波澜壮阔,意义非凡。

在1964年7月5日午后2时25分,在寻找雄性不育株的第14个工作日,一株特殊的水稻引起了袁隆平的注意。这株水稻开了花,它的雌蕊正常,但雄蕊的花药很瘦小,里面没有花粉。袁隆平按捺住激动的心情,立刻将这株水稻的花药采集下来,拿回学校实验室里观察。最后确认,这确实是一株天然的雄性不育株。在随后的两年时间里,他和助手们观察了几十万个稻穗,一共找到了6株天然雄性不育的植株。与此同时,他们利用这几株不育株进行了很多组杂交试验,经过详细地分析试验结果,他们对水稻雄性不育遗传情况有了比较深刻的认识。袁隆平根据这两年的试验数据,结合自己的研究设想写成一篇论文——1966年在《科学通报》上发表的《水稻的雄性不孕性》。这篇论文所介绍的雄性不孕性是培育杂交水稻过程中的一个重要发现。这也是国内首次报道水稻雄性不育性的问题。《水稻的雄性不孕性》是袁隆平的第一篇重要论文,其中,他对雄性不育株在培育杂交水稻中所起的重要作用进行了论述,提出了培育杂交水稻的三系配套战略设想,并描绘出培育杂交水稻的光辉前景。在这篇论义中,他对将要进行的杂交水稻研究进行了分析和论证,提出了科学合理的技术路线。正是这篇论文,使他的工作受到了国家领导的重视,奠定了他在杂交水稻学界的最初地位。当时熊衍衡独具慧眼,把这篇论文上报给国家科委九局局长赵石英同志,赵石英又向国家科委主任聂荣臻元帅做了汇报。聂荣臻元帅非常支持研究杂交水稻,所以袁隆平本人和他的杂交水稻研究在"十年浩劫"中都没有受到太多的冲击,这在当时我国的科学研究领域是不多见的。

> 相关链接

雄性不育系及其遗传类型

雄性不育系是指因雄蕊的花粉发育不良而不育,但雌花发育正常的品系。这样的植株不能通过自花传粉结实,也不能给其他植株授粉,但可以作为母本接受其他植株的花粉而结实。

表一 不育系的遗传类型及特点

	细胞质遗传	细胞核遗传	核、质互作遗传
不育基因	S	ms	S(细胞质中)、r(细胞核中)
可育基因	N	Ms	N(细胞质中)、R(细胞核中)
遗传特点	母系遗传,子代的育性基因总是和母本一致。	父本、母本都可以影响子代表现型。基因型为msms表现为不育,基因型为MsMs或Msms表现为可育。	只有基因型为S(rr)的个体表现为不育。只要质基因为N或核基因含有R都表现为可育。

续表

	细胞质遗传	细胞核遗传	核、质互作遗传
缺点	难以用普通方法保持雄性不育系，所以难以广泛利用。	难以用普通方法保持雄性不育系，所以难以广泛利用。	是应用最广泛的类型。目前，玉米、水稻、高粱、蓖麻、洋葱、甜菜和油菜等作物都已利用雄性不育系培育出了有明显增产效果的杂交种，在其他作物中的应用也在积极研究中。

表二　不育系的遗传系谱

细胞质遗传		S(♀、雄性不育)×N(♂、雄性可育) ↓ S(雄性不育) N(♂、雄性可育)×N(♀、雄性可育) ↓ N(雄性可育)
细胞核遗传	F_1 F_2	MsMs(雄性可育)(♂)×msms(雄性不育)(♀) ↓ Msms(雄性可育) ↓⊗ MsMs(雄性可育)　2Msms(雄性可育)　msms(雄性不育)
核质互作遗传	F_1 F_1 或 F_1	S(rr)(♀、雄性不育)×N(rr)(♂、雄性可育) ↓ S(rr)(雄性不育) S(rr)(♀、雄性不育)×S(RR)(♂、雄性可育) ↓ S(Rr)(雄性可育) S(rr)(♀、雄性不育)(♀)×N(RR)(♂、雄性可育) ↓ S(Rr)(雄性可育)

用一生做好一件事

——培育杂交稻的岁月

天将降大任于是人也，必先苦其心志，劳其筋骨，饿其体肤，空乏其身，行拂乱其所为，所以动心忍性，曾益其所不能。

——《孟子》

心中有梦

我国北宋时期的思想家张载曾提出民胞物与的思想。原话是"民吾同胞，物吾与也"，意思就是要有利他之心，要知道珍爱生命，要将老百姓当作自己的同胞兄弟一样爱护，对待其他生物就像对待人类自己一样。日本著名企业家稻盛和夫认为，人类活着的意义和人生的价值就是提高身心修养，磨炼灵魂，力所能及地做一些对社会有益的事情。社会发展到今天，我们当中有越来越多的人不再盲目追求经济上的利益，而是更多地考虑自己对社会的贡献有多大，自己的人生是不是更加有意义。在这个背景下举办的"2010中国心灵富豪榜"评选中，共有13人上榜。"杂交水稻之父"袁隆平被评为"中国心灵首富"。主办方对他的评价是："他用一粒种子，改变了世界；他创造的社会财富，只有两个字可以形容——

无价。而他自己,依旧躬耕于田畴,淡泊于名利,真实于自我。他以一介农夫的姿态,行走在心灵的田野,收获着泥土的芬芳。那里,有着一个民族崛起的最古老密码。"袁隆平的上榜,表明了我们当今社会的价值追求,也体现了袁隆平在人民群众心里的分量。

没人知道,他之所以取得今天的成就,竟源于他当年的一个梦想。

激起这个梦想的是他终生难忘的一件事:他常常想起1960年前后那场饥荒,他亲眼看到、亲身经历了饥荒,甚至看到有人活活饿死,还有人吃了观音土不消化撑死的,还有病饿而死的。"那样的场景,我一辈子都不会忘记,这种经历促使我不遗余力地研究杂交水稻。"日有所思,夜有所梦。袁隆平每天考虑的都是怎样让水稻增加产量,连做梦想的也是水稻。他是这样描述的:"我梦见我们的超高产杂交稻,植株长得比高粱要高,穗子有扫帚那么长,籽粒有花生米那么大,我好高兴!太阳那么晒,我就走过去,坐在那个稻穗下遮阴乘凉。于是我就给这个梦取了个名字,叫作'禾下乘凉梦'。但愿这个梦能够早日实现。"做一个美梦很容易,要把一个伟大的梦变成现实,就需要付出常人无法想象的大量艰苦的劳动和全身心的投入。为了圆自己的水稻高产梦,他60年如一日,废寝忘食,殚精竭虑,苦心孤诣,攻关不止。为争取更多的研究时间,为了早一些做出成果,他像候鸟一样追赶着太阳,常年辗转在湖南和海南岛之间;为了实现心中的梦想,他一年中超过1/3的时间都在农田里,头顶烈日进行观察和研究。每年从播种到收获,袁隆平每天至少下田两次,晒得又黑又瘦;为了让这个梦想变成更完美的现实,已是高龄的袁隆平,仍然每天不辞辛苦,在试验田和示范点奔忙。下面一串数字粗略地表明了他曾经的奋斗轨迹:

1966年，袁隆平在中国科学院（以下简称"中科院"）主办的《科学通报》上发表《水稻的雄性不孕性》，这是他从事杂交水稻研究的第一篇重要论文。

1973年，袁隆平和助手们攻克道道难关，实现三系配套，次年育成第一个杂交水稻强优组合"南优2号"，高产的杂交种证明，像水稻这样的自花授粉作物仍然是有杂种优势的，可以利用杂种优势夺得水稻高产。

1975年，袁隆平研制成功杂交水稻制种技术，为大面积推广奠定基础。1975年冬，国务院决定大面积推广杂交水稻，次年即在全国范围定点示范种植208万亩。

相比于常规稻，三系法杂交水稻能够增产20%左右，平均亩产在450到500千克。

20年后，袁隆平的研究再上一个台阶。1995年，两系法杂交水稻研制成功，产量比三系法杂交水稻增加5%~10%，且米质有较大提升。

1996年，袁隆平提出超级杂交水稻育种目标和技术路线，2000年实现了第一期超级杂交水稻育种目标，大面积示范亩产达700千克。

2004年，袁隆平带领他的团队提前一年实现超级杂交水稻第二期目标，大面积示范亩产达800千克。

超级杂交水稻第三期目标为亩产900千克，按计划在2015年实现。实际于2012年提前获得成功，在湖南省隆回县的百亩试验田里亩产达到了926.6千克。在第四期目标亩产1000千克初步完成以后，袁隆平又在2014年12月提出了第五期目标，力争在2018年之前实现每公顷产粮16吨（亩产1067千克）以上的目标。

2018年9月，袁隆平团队选育的"湘两优900"在云南个旧超级杂交稻示范基地通过科技部委托湖南省科技厅组织的专家组验收，平均亩产量达到1152.3千克,即每公顷17.28吨,创造了世界水稻单产的最新、最高记录。

2020年11月,袁隆平团队培育的第三代杂交水稻"叁优一号"早晚双季稻测产达到了1530.76千克,平均亩产突破1500千克,再创历史新高。

袁隆平是一个有梦想的人,但他更是一位有智慧的科学家。从发现水稻的杂交优势,到历尽艰辛找到雄性不育株,再到三系配套成功,接着向两系法进军,他每前进一步,不仅需要奉献智慧、挥洒汗水,还需要常人不具备的勇气。不迷信权威,不囿于现存结论,以事实为依据进行创新思维,才使他在籼型三系法水稻杂种优势利用、两系法水稻杂种优势利用、超级杂交水稻的研究开发上新招迭出,成就斐然,直接推动和引领着我国杂交水稻事业,使我国的杂交水稻研究水平连续40多年一直走在世界前列。自1976年大面积推广以来,杂交水稻种植面积累计达到90亿亩,累计增产稻谷8000多亿千克。每年因种植杂交稻而增产的粮食,可多养活8000万人。

山重水复

——首克雄性不育关

首战失利

自从1966年在《科学通报》上发表《水稻的雄性不孕性》以后,袁隆平的命运发生了改变。由于时任国家科委主任聂荣臻元帅的支持,研究杂交水稻的工作在"文化大革命"(后简称"文革")的"十年动荡"中也没有停止过。这对科研事业来说是不可多得的机会,但对袁隆平来说也充满了压力。自从在一些栽培品种中发现了可遗传的自然雄性不育材料以后,袁隆平带领大家进行了很多组杂交试验。他们将不同的籼稻品种杂交,也将籼稻与粳稻杂交,前前后后共做了3000多个组合,却一直没有培育出理想的不育系。可以说这些试验全都失败了。现实是无情的,4年的时光如流水一样过去了,夜以继日的辛劳并没有获得与之相应的回报。

传统理论

在自然界,有20%的有花植物采用自花授粉,33%的有花植物属于自花授粉与异花授粉的中间类型。异花授粉可以保证子代遗传基因的多样性,有利于植物适应复杂多变的环境。但异花授粉需要借助自然外力(如风或昆虫)实现,受外界环境的影响较大,需要产生大量的花粉,这样势必增加能量的消耗。自花授粉植物在适应多变的环境方面处于劣势,但可以在花开放之前就完成授粉活动,既避免了风力传播时的浪费,也不用给昆虫提供报酬,因而节约了能量。因此我们不能简单地评判自花授粉植物的进化水平。

在当时的育种学界有一种理论认为,由于自花授粉植物是大自然经过长期自然选择与进化形成的,它们的内在结构(基因)与外在表现(性状)已经与自花授粉活动高度一致。所以自花授粉植物要么杂交很困难,要么杂交后代没有杂种优势,或者产生了杂种优势却不能保持下去。例如,美国著名遗传学家辛诺特、邓恩和杜布赞斯基所著的《遗传学原理》是当时的经典教材。书中写道:如果像小麦,自花受精是正常生殖方法,……自交不会使优势消失,异交一般不表现杂种优势。水稻和小麦都是自花受精植物。按此理论推断,袁隆平等人让原本自花授粉的水稻进行人为杂交是不会取得什么成果的。

另辟蹊径

试验的失败和学术界的批评,使得袁隆平的压力越来越大。在这种内外交困的情况下,袁隆平并没有放弃。他一面仔细分析试验的得失,一面积极向国内外同行请教。

首先,他认为《遗传学原理》所说的自花授粉植物"异交一般不表现杂种优势"是建立在杂交亲本都是统一品系的前提下的。杂交水稻有没有杂种优势,不是由它的生殖方式决定的,而是由杂交亲本之间有没有遗传差距决定的。其次,经过反复比对,他发现他和同行所做的3000多个水稻杂交试验,并不是没有显示出杂种优势,只是优势不显著。这是由于控制水稻的籽粒大小、营养物质含量的基因有很多对,属于遗传学上所说的数量性状。如果控制产量的基因只有两对基因A、a与B、b,假如A和B决定高产,a和b决定低产,AABB产量最高,那么由AAbb和aaBB两个亲本杂交得到AaBb,再由AaBb得到AABB的概率就是1/16。假如水稻的产量是由3对等位基因决定的,那么,由AaBbCc得到AABBCC的概率就是1/64。假如水稻的产量是由n对等位基因决定的,那么,由n对基因的杂合子获得纯显性纯合子的概率就是$1/4^n$。所以,要使多对基因同时变成高产组合,成功的概率本来就是非常低的。其实,俄国植物学家瓦维诺夫曾经指出:让农作物与亲缘关系较近的野生植物杂交,可以提高农作物产量和抗逆能力。遗憾的是,当时包括袁隆平在内的我国科学家从未听说过这一消息。袁隆平和他的团队在艰辛地探索了4年之后，才得出了相似的结论。1970年夏季，袁隆平在与日本学者交流的时候，产生了调整思路的想法。

屈原在《离骚》中写道："路漫漫其修远兮，吾将上下而求索"。这也可以作为对当时袁隆平的试验状况的真实写照。从人类已经掌握的遗传学知识可以知道，在一定范围内两个杂交亲本的亲缘关系越远，杂种后代的杂交优势越大。要尽快培育出优势明显的杂交稻，就需要找一个与栽培稻亲缘关系较远的类型作为亲本与之杂交。人类栽培水稻已经有8000~10 000年了，现在的栽培稻和现在的野生稻已经有了非常大的差别，如果让它们进行杂交，杂种后代的优势应该会更加明显。袁隆平和助手们决定抛弃原来的经验和思路，另辟蹊径，拉大杂交组合的遗传距离，找到野生稻的雄性不育株，让它与栽培稻杂交。但又一个难题摆在了眼前：哪里有野生稻？找到了野生稻就能找到雄性不育株吗？经过广泛调查研究，袁隆平团队自1970年开始在云南、海南搜寻野生稻资源。

柳暗花明

——再克育性稳定关

一般来说，培育出一个水稻新品种至少需要八代。如果一年种植一代，就需要八年的时间。海南岛地处热带，四季常夏，在这里水稻可以种植三代，是一个育种的好地方。为了多做一些试验，缩短试验的周期，袁隆平和他的助手夏天在湖南，秋天在广西，冬天到海南，哪里是夏天就出现在哪里，他们成了一群追赶太阳的人。当时我国的经济水平还很落后，交通、食宿的条件都非常差。袁隆平他们去海南，从来都是乘火车、坐轮船、挤公共汽车。每个人背着一床被子,上面横着一卷草席。一手提着装满稻种的水桶,一手提着从长沙带来的腊肉、腊肠、辣椒等食材。在农场里,他们住的是能睡十几人的大通铺,吃的是自己做的粗茶淡饭。几个人顶着太阳,趟着泥水做了半天试验,回到住处还得拖着疲惫的身躯自己做饭。海南岛天气炎热,他们从湖南带来的腊肉挂在房间里会不停地滴油。当时罗孝和是试验小组里分管伙食的会计,他经常向袁隆平报告:"袁老师,带来的腊肉又少了二两!"。袁隆平心里明白,嘴上却说:"昨天还够的,肯定是被你这个贪吃鬼给偷吃了!"。听了师生间看似认真的一问一答,研究小组的人都笑了。海南岛气候潮湿,白天在水田里有蚂蟥吸血,晚上睡觉有蚊子叮咬。在那里吃不好,睡不香,几个月的试验期下来,每个人都瘦了一大圈。袁隆平长期参加游泳等体育活动,身体素质非常好,在大学时经常秀一秀自己发达的肌肉。十多年的艰苦生活和风吹日晒,使他变成了一个黝黑干瘦的小老头。1970年秋季,袁隆平与助手李必湖、尹华奇再次来到海南岛崖县(现在的三亚市)南红农场。一面继续加代繁殖,选育C系雄性不育材料,一面考察野生稻资源。

　　袁隆平是个地道的城里人,小时候可能分不清韭菜和水稻,而他现在却钻进了水稻育种试验中。在别人眼里,海南岛天气炎热,杂草丛生,条件简陋,可他偏偏喜欢上了这个绿色王国。在他看来,这儿土地肥沃,树木葱茏,绿草如茵,百鸟欢唱,景色优美,确实是一片难得的乐土,一个世外桃源。在这里,他体验到的不是苦和累,而是探索的乐趣。在"文革"这个动荡的岁月里,这个荒僻而没有人际争斗的地方,非常适合他"自由散漫"的性格。

　　袁隆平并不像有的科学家那样,整天把自己"埋"在书本里。他是一个理论与实践结合的典范。白天,他们在田间劳作,稻田里咬人的蚊子又大又多，炎热的天气使他们汗流浃背，透不过气来。平常人只需在这里待上半个小时，就能深刻体会"锄禾日当午，汗滴禾下土。谁知盘中餐，粒粒皆辛苦"的真正内涵。到了晚上还经常停电，他们就点起煤油灯、菜油灯或蜡烛，尽管蚊叮虫咬，可他们还得在微弱的灯光下查阅资料，记科研笔记，忙得不亦乐乎。

他热爱生活，热爱大自然，更热爱自己的杂交水稻事业，当他看到播下的种子长出了充满希望的禾苗，看到沉甸甸的稻穗上结满丰硕的果实的时候，他觉得自己所有的辛苦付出都是值得的。

他是科学家，是导师，也是领着徒弟玩耍的"孩子王"。他性格开朗，精力充沛，喜爱运动。为了让辛苦的科研工作不至于太枯燥乏味，有时劳作之余，他便忙里偷闲，带着尹华奇和李必湖到大海里游泳。看水天一色，踏雪白浪花，真是轻松惬意的享受。

1970年11月，袁隆平北上进京查阅资料，并就有关问题向一些专家请教，李必湖和尹华奇则再次到海南崖县寻找野生稻的雄性不育株。他们早起晚睡，风餐露宿，饥一顿饱一顿地在野外四处寻觅。炽热的阳光、肆虐的蚊子拦不住他们寻找的脚步；每天浑身汗水，一身泥泞，没有使他们产生厌烦；一次次的寻找，一次次的失败，没有使他们灰心。

冯克珊是海南当地人，他知道哪里有野生稻。在袁隆平给技术人员上培训课的时候，他经常旁听，也知道了怎样通过花粉发育状况判断稻株是否为雄性不育。11月23日，冯克珊陪同李必湖到南红农场附近的一块沼泽地，他们找到了一片约有0.3亩的野生稻。当时恰逢野生稻开花，是寻找雄性不育株的好时机。李必湖和冯克珊站在沼泽地里一棵一棵地观察。

功夫不负有心人，他们竟然发现了三个雄花异常的野生稻穗，这些花的花药不开裂散粉，很像他们试验中不育株的花药。这三个稻穗来源于同一个禾蔸，是由一粒种子长成的植株形成的不同分蘖。多少次的苦苦寻找终于有了结果，他们激动得说不出话来，泪水混合着汗水从脸颊上流淌下来。后来，他们把这蔸野生稻连泥挖出，移栽到试验田里，等袁隆平回来后再进一步鉴定。

接到李必湖的电报后，袁隆平赶紧从北京坐火车赶到了海南岛，他先是仔细观察了这株野生稻的外观，然后又采集了它的花粉样品，放在显微镜下仔细观察，他看到这些花粉都是一些形状不规则的碘败花粉，最终确认，这确实是一株十分难得的野生稻雄性不育株。袁隆平激动得跳了起来，连声喊道："妙！妙啊！真是一株雄性败育的野生稻啊！太难得了！"由于它是一株野生花粉败育不育株，袁隆平为它命名为"野败"。

他们像母亲哺育婴儿一样精心地培育着这棵"野败"不育株。11月24日，李必湖用试验田中一棵正处于抽穗末期的籼稻品种广矮3784与"野败"杂交，连续4天，共杂交8个组合，65朵小花，当年只收获了3粒种子。可以说，这3粒种子比金子还珍贵啊！时隔两个月后，到1971年1月，他们又采用无性分蘖繁殖的方法，发展到46株。这就是后来轰动世界的三系法杂交水稻的祖先之一——不育系。

自从李必湖、冯克珊发现雄性不育的野生稻之后，海内外科学家纷纷走出实验室，来到田野寻找野生稻。他们花费了大量人力、物力，却再也没有找到一株雄性不育的野生稻。所以有人说袁隆平是幸运的，3粒种子改变了世界，为三系法水稻研究奠定了基础。"野败"的发现和转育成功，改变了杂交水稻研究长期进展缓慢的现状。所以，袁隆平认为，"野败"的发现，是培育杂交稻历史上的又一个重大发现。这时，又有一个问题摆在他们面前：是将用"野败"获得的不育系封闭起来自己研究，还是散发出去让全国科技人员协作攻关呢？袁隆平此时想到的只是尽快研究出可以大面积推广的杂交水稻，而没有考虑自己的得失。他把利用"野败"回交转育获得的种子分发给全国同行进行研究，以便尽快攻克三系配套关。如果其他科研单位率先攻克难关，还有今天的"杂交水稻之父"袁隆平吗？我们可以预料，如果真是这样，杂交水稻之父会有的，但不会是袁隆平了。所以袁隆平做出这个举动是非常不容易的，他更多地是在考虑国家的利益，更多地是在关心自己钟爱的事业的前途。不是放弃了小我，追求大我，是做不到这一点的。

后来，在总结发现"野败"的重大意义时，袁隆平说："有人认为李必湖、冯克珊发现'野败'是因为运气好，我不这么认为。这个发现确实有一定的偶然性，但也有其必然性。这是因为李必湖是专门寻找野生稻的专业技术人员，当时全国长时间研究水稻雄性不育问题的，只有李必湖、尹华奇和我三人，所以我们只要遇到雄性不育的野生稻就能一眼认出。换作别人，即使遇到'野败'也不一定认识。这就是李必湖、冯克珊发现'野败'的必然性。"他还说："'野败'的发现从现在看来确实是一个短时间内无法复制的传奇，但'野败'的基因却可以无限地复制，这才是科学规律的本质。育种试验可重复，可复制，可检验；获得的种子可推广，可繁衍，可传播。"

"野败"发现之后，袁隆平等人先后用很多栽培稻种对其进行测交，发现"野败"的不育特征属于可遗传变异，也就是说，雄花无效、雌花正常的雄性不育株真的找到了。后来进一步研究发现,"野败"的不育性状是由细胞核基因和细胞质基因共同作用的。"野败"的发现为不育系、保持系、恢复系三系配套奠定了基础,使杂交水稻研究走上了快速发展的道路。至此,大规模进行水稻杂交试验才真正成为可能,杂交水稻研究发展也到了具有光明前程的辉煌阶段。

1971年,为了使杂交水稻更加快速深入地进行,上级将袁隆平调到湖南省农业科学院(简称"湖南省农科院")新成立的杂交水稻研究协作组(简称"协作组")工作。

1972年,袁隆平在《利用"野败"选育水稻不育系的进展》一文中写道:"用以前的材料和方法,采用筛选法和人工制造法,是很难获得能够稳定遗传的保持系的,至少我们感到前景很渺茫。唯'野败'表现与其他不育材料不同,真是异军突起,别开生面,给试验带来了很大起色!"

初现曙光

—— 攻克三系配套关

"野败"被发现之后,当务之急是利用它获得可供生产用的不育系栽培水稻。可它与栽培水稻之间的遗传差距太大了。"野败"是一株野生水稻,说白了就是一株杂草,它的身上除了雄性不育基因是我们需要获取的以外,其他性状的基因几乎都是没用的。表三可以反映野生稻和栽培稻之间的差异。

表三　野生稻和栽培稻的差异

	野生稻	栽培稻
茎秆是否直立	茎秆匍匐在地上，"趴着"生长	茎秆直立，"站着"生长
籽粒大小、多少	籽粒很小，数量也很少	籽粒较大，数量也很多
是否落粒	容易落粒，成熟一粒，脱落一粒	不易落粒，不会单个脱落
稻穗类型	发散型	紧凑型
是否有芒	有芒，稻芒是现代水稻的几十倍长	芒很短或无芒

袁隆平和助手们需要将"野败"体内的不育基因置换到栽培水稻上，才有实际生产利用价值。然而，从发现"野败"到实现三系配套，再到获得可以大面积推广的杂交水稻，这中间还有很长的路要走。

培育不育系和保持系

第一步要做的是水稻雄性不育系的转育。"野败"与栽培水稻杂交获得的杂种一代（F_1），已经表现出非常优越的雄性不育保持功能。这是杂交水稻研究上的一个重要转折。但 F_1 除不育性以外，其他性状与普通野生稻很相似，没有生产利用价值。必须通过许多代的杂交试验，使"野败"的雄性不育基因转育到栽培水稻身上来，并逐渐把不利的基因淘汰掉。所以袁隆平就在自己的驻地办起了杂交水稻研究速成班，白天在试验田里示范技术操作，晚上给各地的技术员讲理论课，把自己多年积累的知识经验传授给大家。

在讲授"水稻雄性不育系转育的基本方法"一课时，他讲道："水稻雄性不育系的转育过程，实际上就是基因的置换过程。我们用'野败'做母本，与具有某种优良性状的栽培稻进行杂交，从它们的杂交后代中选择不育度高（像母本）、产量也高（具有父本性状）的个体留下来，让它再与父本回交。每回交一代就可以获得一些父本染色体增加50％的个体。连续回交4代以上,就可能获得24条染色体全部来自父本的个体,这样,可用于大田生产的不育系就培育成功了。"

1971年春,我国农业部把杂交水稻列入重大科研项目,"野败"分送到南方10省(市)20多个科研单位进行协作攻关。先后用上千个品种与"野败"进行回交转育,总共设计了上万个杂交组合,终于将"野败"的不育基因转移到栽培稻身上。

野败回交转育的具体过程可以用下图表示:

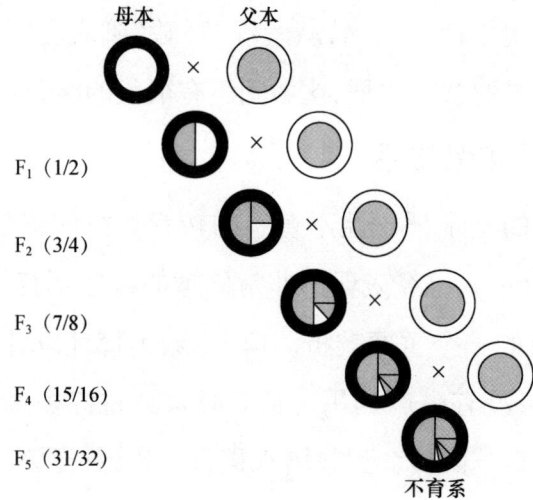

野败回交转育的具体过程

将不育基因转移到普通水稻体内之后,第二步是获得栽培用的保持系。培育保持系的步骤如下:

$$S(rr)(♀) \times N(RR)(♂)$$
$$\downarrow$$
$$S(Rr)(♂) \times N(RR)(♀)$$
$$\downarrow$$
$$N(Rr) \otimes$$
$$\downarrow$$
$$N(rr)$$

实际上培育保持系的工作是可以和培育不育系的工作同时开展的。1972年,江西萍乡市农业科学研究所颜龙安等育成了第一批水稻雄性不育系和保持系,初步解决了这个难题。

选育恢复系

但是仅有不育系和保持系是不够的,这两个品系的作用仅仅是保证能够持续不断地获得不育系,在进行杂交育种时,还需要代表另一品种的恢复系。恢复系与不育系之间的遗传差距要大,还要含有一对纯合的可育基因。将它的花粉授给不育系之后,不育系上产生的子一代杂交种是雄性可育的,能自交结实,而且这个杂交种必须有产量高、抗逆性强等优点,这样才能用于大规模生产。为了寻找有实用价值的恢复系,袁隆平组织大家进行了很多试验,但很长一段时间都没有选育出杂交后代结实率高的恢复系。面对这种徘徊不前的局面,有的专家认为,这是"野败"的核基因与栽培稻的核基因相互作用的结果,二者一旦完成了核置换,子代结实的现象将会消失。现实中,确实有人验证了用粳稻测交之后结实非常少的现象。有的专家认为,即使三系配套成功了,杂交优势也不一定显著,水稻产量也不会大幅度提高。因此,这个试验在小范围里做做就行了,没必要大搞。

在这个关键时刻,已担任国务院副总理的华国锋批示,把杂交水稻列为国家重点科研项目,组织全国协作攻关。有了政府的大力支持,全国各地的育种专家都积极行动起来。

袁隆平组织大家从世界上1000多个稻种中筛选出了100多个有恢复能力的品种。然后又从这些品种中选择与不育系遗传差距大,而且花药发达、花粉量大、恢复力高的品种作为恢复系。至此,不育系、保持系、恢复系三系终于配套成功了!杂交水稻的三系配套成功,是以袁隆平为代表的科研人员多年来无数心血的结晶。1973年10月,在全国水稻科研会议上,袁隆平作了题为《利用"野败"选育三系的进展》的报告,向与会者汇报了三系法杂交水稻配套的做法,也相当于宣布了三系配套成功的好消息。

相关链接

水稻的三系的概念

(1) 雄性不育系[代号 S(rr)]是一类特殊的水稻类型,其外部形态与普通水稻没有多大差别,但雄性器官发育不正常,花粉败育,不能自交结实。雌性器官发育正常,能接受外来花粉而受精结实。这种雄性不育能稳定遗传的水稻品系称为雄性不育系(简称"不育系")。

(2) 雄性不育保持系[代号 N(rr)]。由于不育系本身的花粉是不育的,自交不结实,不能通过自花传粉繁衍具有不育特性的后代,因此必须要有一个正常可育的特定品种给不育系授粉并使之能结实,使不育系的后代仍保持其雄性不育的特性,这种能使不育系性能一代一代保持下去的特定父本品种称为雄性不育保持系(简称"保持系")。

(3) 雄性不育恢复系[代号 N(RR)]。一些正常可育的品种的花粉授给不育系后,结实正常,而且新产生的杂种一代育性恢复正常,能自交结实,并具有较强的杂种优势。这种能够恢复不育系雄性繁育能力的品种称为雄性不育恢复系(简称"恢复系")。

(4) 三系的关系:

不育系 S(rr) ♀ × 保持系 N(rr) ♂ → 不育系 S(rr)

保持系 N(rr) ♀ × 保持系 N(rr) ♂ → 保持系 N(rr)

不育系 S(rr) ♀ × 恢复系 N(RR) ♂ → 杂交种子 S(Rr)

这三系中只有不育系是没有正常花粉的,通过保持系来保持它的不育性。不育系做母本,由恢复系做父本来恢复它的可育性,长出的种子才能开花结果。保持系和恢复系都有可育的花粉,可以自己繁殖。

(5) 雄性不育的原理：

① 雄蕊是否可育,是由核基因和质基因共同决定的。

　　核基因：可育基因 R 对不育基因 r 是显性。

　　质基因：可育基因为 N,不育基因为 S。

② 核基因和质基因的关系：细胞质的可育基因 N 可使花粉正常发育,细胞核的可育基因 R 能够抑制细胞质不育基因 S 的表达。基因型为 S(rr) 的个体表现为雄性不育,基因型为 N(rr)、N(Rr)、N(RR)、S(RR)、S(Rr) 的个体均表现为雄性可育。

知难而上

——闯过杂交优势关

让黄粒玉米和白粒玉米间行种植,它们杂交产生的籽粒会更大、更饱满,总产量比黄粒和白粒单独分片种植要高。这在今天已是公认的规律。可在 20 世纪 60 年代以前,人们的认识水平还普遍较低。尽管杂种优势已经成功地运用在玉米、高粱等异花授粉的作物上,但多数育种工作者都认为像水稻这样的严格自花授粉作物是没有杂种优势的。袁隆平却在自己实践的基础上提出了挑战传统理论的观点："自花授粉作物

水稻具有杂种优势"。具体证据有三:

第一,在 1960 年发现的一株天然杂交稻身上已经发现了籽粒大、产量高等杂种优势,通过其子代身上的性状分离现象也进一步验证了杂交稻有优势。

第二,在稻田里常见的植株高大的"公禾"其实是一个杂交种。它是籼稻和粳稻之间自然异花授粉得到的杂交种,由于籼稻和粳稻的亲缘关系较远,存在生殖隔离,致使它几乎不能结实,所以才被人们称为"公禾"。

第三,国外也有人发现了水稻的杂种优势。美国人琼斯早在 1926 年就报道了水稻具有杂种优势,他发现杂种一代比亲本分蘖数多、产量高的事实;其他国家的学者也曾多次发现这种现象,在 50 年代后期曾有学者指出"水稻有杂种优势现象,籼粳杂种的优势更为突出"。可这些例子都是一些个别人发现的个别现象,这些观点自然也成了个别人提出的个别观点。

杂种优势的原理能不能用到杂交水稻上呢?这是众多农学界人士都怀疑的问题,也是袁隆平和他的协作者们当时必须回答的问题。

1972 年夏,袁隆平的助手罗孝和进行了一次水稻杂交试验,以验证水稻具有杂交优势。他们用国内的"南广占"不育系与日本的恢复系"日本占"杂交,种植了一丘杂交稻,预计子一代的产量会超过父本、母本和对照品种,因而命名为"三超杂交稻"。结果,这些杂种秧苗长势十分旺盛,引起人们极大的兴趣,全国的水稻研究专家都十分关注。可是收获时,发现稻谷产量和对照品种相比略少,与父本、母本相比都没有明显的优势,而稻草的产量却比对照组增加 1 倍。这下反对者有了口实:"看来水稻这种自花授粉的植物即使有杂种优势,也只表现在营养生长上,主要体现在稻草上,不在我们需要的稻谷上。可惜人不是牛,人不能吃草啊!如果人能吃草,这个杂交水稻就有用了。"在主管部门召开的专门会议上,大家展开了激烈的讨论。大多数专家反对继续研究杂交水稻,他们从理论和试验结果上找出了一大堆反对的理由。支持继续研究杂交水稻的只占少数,是"弱势小群体",罗孝和在反对者一连串的质疑声中低头不语。专家的质疑、人们的风凉话使罗孝和一班人真的有了心灰意冷的感觉。领导们召开紧急会议,商量要不要继续支持杂交水稻的培育工作。袁隆平也被领导找去谈话,让他解释为何杂交稻只增产稻草而不增产稻谷。

在这个关键时刻,袁隆平没有被如潮的舆论和残酷的现实所击倒。他静下心来仔细分析了这次杂交试验,发现杂种子一代从植株高度、叶片长度、分蘖能力等方面都超过父本、母本和对照组,确实实现了"三超",也就是说,杂种子一代具有杂种优势是确定无疑的。至于这种优势没有体现在稻谷上,只能说明我们的试验方案还需要改进,不是说我们的试验彻底失败了。应该说,这个证明了杂交稻存在杂种优势的试验,具有非凡的里程碑意义,所以应该认为罗孝和的试验为袁隆平的设想找到了科学依据。反对的专家和领导们被袁隆平说服了,决定继续支持杂交水稻的育种研究。罗孝和也挺直了腰杆,高兴地拍着袁隆平的肩膀说:"袁老师,还是技高一筹!"。袁隆平通过这些事例鼓励助手们,失败是成功之母。这些试验看似失败了,其实里面包含着成功的因素。只要不断研究,及时总结经验教训,不断地修正试验方案,成功迟早会来到。

依据自己和助手们多年的理论与实践探索,袁隆平提出了理论上的指导:水稻具有杂种优势,这是客观事实;植物有没有杂种优势,不是由它的生殖方式决定的,而是由杂交亲本的遗传差距决定的;像水稻这样的自花授粉植物也同样具有杂种优势,所以杂交水稻的前途是光明的,研究过程中出现这样那样的问题是必然的,作为育种工作者要想办法解决这些问题,让水稻的杂种优势早日体现在稻谷上。

这个观点提出以后,受到多数育种专家的认可与支持,也消除了杂交水稻科研人员的顾虑。他们以更加饱满的热情投入这项伟大的事业中。此后,杂交水稻的研究势如破竹,几年的时间就取得了令全世界瞩目的成就。

1973年春,袁隆平将自己用9年时间培育的籼型杂交水稻优良品种在南方推广,取得了显著成效。在湖南省农科院的试验田里,创下了亩产505千克的记录。1974年5月,袁隆平主持选育的新品种"南优2号"小片区亩产高达675.83千克。1975年,"南优2号"在湖南全省试种,产量名列第一。"南优2号"等一批杂交水稻强优组合诞生,使杂交水稻的优势一下子显现出来,这项先进的技术也迅速撒播全国。

与普通水稻相比,杂交水稻分蘖力强,可以适度稀植,因而可以节约种子;根系发达,茎秆粗壮,因而抗风抗倒;适应性强,穗大粒多,因而能夺得高产。至此,关于杂交水稻有没有杂种优势的理论之争,被袁隆平和他的助手们用事实平息了,也从这个时候起,反对培育杂交水稻的声音才逐渐消失。

豁然开朗

——攻克繁育制种关

三系配套成功,国内外媒体铺天盖地的报道,使袁隆平一夜之间成了名人,但这时他并不轻松。杂交水稻虽好,但广大农民要的是实实在在的实惠。虽然杂交水稻的产量比原来的水稻产量高了很多,但它的种子太贵,总体算来,农民并没有增加多少收入,因而种植杂交稻的积极性并不高。那么,杂交稻种为什么太贵?是袁隆平等人卖得太贵吗?还是批发商加价太高呢?都不是,是制种技术还不成熟,导致杂交稻种的产量太低。

每个人都希望自己的事业一帆风顺,但挫折和失败总是时刻伴随着人们前进的脚步。在袁隆平最初的制种试验田里,每亩最多只收获稻种8.5千克,最少的一块地每亩只收获1千克稻种。平均算下来,每亩只收获稻种5.5千克,这点种子能种多少地呢?得卖多贵才能不亏本呢?农民买了这么贵的种子,每亩地得出产多少稻谷才能有盈余呢?这是个谁都会算的成本账。

所以这时有人认为,水稻是自花授粉植物,花粉量小、寿命短,雌蕊的柱头小且又多数不外露,开花的时间又很短,这一系列特征是它长期进化的结果,是与自花授粉相适应的,是不利于异花授粉的。这些特征也注定了杂交水稻过不了制种高产关,杂交水稻无法大面积推广。

对此,袁隆平作为一线科研人员当然也了如指掌。虽然来自各方面的压力让他有些喘不过气来,但他并没有被困难吓倒。科研道路上的风风雨雨,早已对他构不成什么威胁;多年的摸爬滚打,早已使他百炼成钢。关键时刻,他就是全体攻关人员的主心骨,他的态度和胆识决定了杂交水稻的明天是光明还是黑暗。袁隆平对他的助手们说:"我们就像西天取经的唐僧师徒,前面的八十难都挺过来了,就差这最后一难,难道我们就挺不住了?只要大家齐心协力去研究,我相信总有办法解决这个难题。"他结合在田间实际调查出的数据辩证地分析了自花授粉的问题。他指出,水稻的颖花结构确实有不利于异花授粉的一面,但水稻至今还保留有其祖先风媒传粉的一些特征,这也是有利于杂交的一面:水稻的花粉又小又轻,在开花时随颖片打开几乎全部逸出,有风时可以传到 40 米远的地方。从单个花药来看,水稻的花粉确实比玉米和高粱等异花授粉植物的少,但水稻的总花颖多,花粉总数并不少。从袁隆平等人的实地检测结果来看,以"南优 2 号"父本为例,在 10 天的授粉时间里,每天每平方厘米的花粉密度达 450 粒左右,完全可以满足母本柱头受精的需求。

在杂交水稻的制种方面,袁隆平不仅提供了强有力的理论支持,而且还始终在生产一线亲力亲为。在挫折和困难面前,袁隆平从来不会退缩。他坚信每一次失败都可以为最后的成功积累经验,解决接连出现的难题就是研究者的使命。既然花粉足够用,那就再查找其他原因。袁隆平就琢磨怎样让花粉顺利地落到雌蕊的柱头上。从 1973 年冬天开始,袁隆平就在海南探索制种高产规律。袁隆平发现,水稻的花期很短,如果父本和母本开花的时间有差别,就会使大量的花粉白白浪费。所以,要提高稻种产量,就要了解不同品种的水稻什么时候分蘖,什么时候扬花,什么时候授粉结实。还要了解在什么条件下开花,比如温度、光照、水分等外界条件怎样影响水稻的开花等。简单点说,就是要了解水稻的生物钟。要做到这一点,没有任何捷径,只有在水稻的生长期里去大田进行实地观察。在天气炎热的海南岛,在最炎热的中午,以现在的条件来说,就是在我们多数人躲进空调房间的情况下,袁隆平却顶着日头去观察水稻。他亲自观察杂交亲本的开花时间,再推出适宜的播种期,以保证父本和母本的花期一致。为了让花粉顺利地落在雌蕊柱头上,他还让技术人员采用割叶剥苞、赶粉等人工辅助授粉措施提高水稻授粉的机会。

在生产实践中,他的团队逐渐摸索出了一套规律。袁隆平的助手舒呈祥总结出了一套简单易行的田间管理操作方案。另一个助手罗孝和发现,植物生长调节剂"920"以及"多微灵"应用于制种上能减轻不育系包颈程度,提高不育系柱头外露率,增大开颖角度,延长开颖持续时间,还可以延长不育系的开花时间,促使不育系和恢复系的花期相遇,使不育系异交结实率提高,最后稻种产量也随之提高。此外,袁隆平还根据自己和伙伴们的观察,发明了两人拉着一根绳子赶粉和用长竹竿赶粉的方法,弥补自然授粉的不足。

1975 年,湖南省协作组的一片制种田亩产达到了 29 千克,高产片区甚至突破了 50 千克大关。袁隆平及时在《遗传与育种》杂志上发表了论文《杂交水稻制种与高产的关键技术》,指导全国同行提高种子产量。

1975 年 10 月 20 日,由袁隆平等培育的籼型杂交水稻通过验收鉴定,鉴定结论认为:杂交水稻在同等条件下有明显的增产效果,一般能提高产量 20%。1975 年冬天,湖南省政府加大了杂交水稻推广的力度,由袁隆平牵头指导技术人员到海南岛培育杂交稻种。由于指导有方,措施得力,第一次大面积制种获得成功,一些单位达到了亩产 55 千克的水平,有的制种队突破了亩产 150 千克大关。后来,由于经验的积

袁隆平指导技术人员

累和技术的提高,制种产量逐渐稳定在较高水平,达到全国平均亩产175千克左右。种子产量提高了,不但使种子价格降了很多,也使杂交水稻大面积推广成为可能。杂交水稻还成了我国向美国输出的第一个农业专利,为祖国赢得了荣誉。

到2010年,在杂交水稻的制种田里,平均每亩能收获稻种200千克。大田播种时,每亩需要消耗种子1.1~1.5千克,一亩制种地生产的稻种可以供130~180亩大田用种,完全能够满足水稻种植的需要。

由于突破了制种低产关,1976年,在国务院的大力支持下,杂交水稻开始在全国大面积推广。

此后,杂交水稻的推广可以用一帆风顺来形容了。但袁隆平作为培育杂交水稻的主要功臣,却没有满足现状。作为在第一线成长起来的杂交水稻专家,他对杂交水稻的优势了如指掌,对在生产实践中暴露出的问题也洞若观火。

我国现行杂交水稻制种技术是劳动力密集型技术,整个制种过程需靠大量人力操作,这样也就间接地提高了制种成本。因此,怎样把众多的劳动力从烦琐的制种工作中解放出来,怎样降低杂交水稻的制种成本,提高农民主动自愿种植杂交水稻的积极性,仍然是袁隆平等水稻育种专家们所急切关心的问题。他明白,只有制种成本降低之后,种子的售价才能降低;种子的售价降低了,也就减轻了农民的种地成本,相当于提高了农民的实际收入。这些市场层面的问题,作为育种专家的袁隆平是经常考虑的,也因此才有了他日后提出的两系法和一系法。

百折不挠

——直面"文革"风云

袁隆平为人正直坦荡,想到啥就说啥,他全身心地投入杂交水稻事业中,可以说是"两耳不闻窗外事"。因为这个性格,他没少吃亏。

袁隆平回忆说:"在上世纪50年代末,春播季节,上级指示必须在某天完成播种。结果正赶上寒潮,播下的秧苗全烂了。但我在试验田里按天气的实际情况推迟了播种期,秧苗保住了。为此,在与教研组其他老师聊天的时候我说农业上的'八字宪法'(水、肥、土、种、密、保、管、工),要加一个'时',不违农时的'时'。我想当然的以为这是农业部提出的,再者我也是随口一说,并不知道'八字宪法'出自最高领袖毛主席之口"。

1966年5月,史无前例的"文化大革命"开始了。在这场"深刻的革命"中,袁隆平也差点成为学校里被批判的人。校园里出现了针对他的大字报,要把他列为"牛鬼蛇神"的候选人。造反派揭发他的两大罪状:第一条是修改"八字宪法";第二条是"引诱贫下中农的子女走'白专道路'",也就是说他平时只重视业务学习,带领学生搞科研工作,不重视思想改造。

奇怪的是,袁隆平在这之后并没有受到批斗,也没有被关进牛棚。后来的一天下午,工作组的王宝林组长让袁隆平晚饭后去办公室找他。袁隆平以为自己这回要挨批斗、进牛棚了,内心非常忐忑。

没想到他准时到达后,王组长却对他说:"按照中央的精神,我们工作组既要抓好革命,又要搞好生产。工作组要搞一块晚稻丰产田,请你当我们的技术参谋。"袁隆平一听,工作组是学校里的最高领导机构,他们让自己当参谋,那说明自己没有问题呀,心里的一块石头才落了地。

没过多久,工作组撤走了。第二年的一天,袁隆平在街上碰见了王组长,才知道自己没被批斗的原因。原来工作组在准备批斗他时,翻阅了他的档案,准备"老账新账一起算"。结果他们发现了那封国家科委的来函,函中肯定了利用水稻杂交优势的预言,支持袁隆平研究杂交水稻的技术路线,并责成湖南省科委和安江农校支持他进行杂交水稻研究工作。看到这份文件,工作组不敢擅自做主,就请示黔阳地委,袁隆平到底是批斗对象还是保护对象。当时的地委书记孙旭涛说:"那还用说,当然是保护对象!"就这样,袁隆平躲过了一劫。

"文化大革命"虽然开展得如火如荼,粮食问题却一直是我国领导人极为重视的问题。由于我国人多地少,遇到水灾、旱灾、虫灾等自然灾害时常常发生饥荒。因此,毛主席也提出过"以粮为纲"的战略思想。袁隆平在《水稻的雄性不孕性》一文提出了培育杂交水稻的构想,这一构想受到了国家科委主任聂荣臻元帅的重视,并派人过问杂交水稻的培育进展。

1967年,湖南省科委将"水稻的雄性不孕性"研究定为省级科研课题,并从场地、资金、人员等方面支持袁隆平的科研工作。省里给袁隆平划拨了600元科研经费,并承诺以后逐年增加。600元钱虽然不多,但在当时比一个普通人一年的工资还要多。袁隆平用这笔钱购买了种子、化肥,为了节省经费,他还从一座瓦窑买了一批烧得不太好的瓦盆,用来栽培水稻秧苗。学校对袁隆平的科研工作也给予了大力支持,特意划出0.5亩优质水田,作为袁隆平培育杂交水稻的试验田,还指定他为学校发展水稻生产的技术指导。

为了更好地开展杂交水稻研究,袁隆平提出让自己的两个学生尹华奇、李必湖留校当助手。湖南省农业厅批准了他的请求,答应给这两个学生每人每月18元的生活费。这样,由袁隆平、尹华奇、李必湖师生三人组成的杂交水稻研究小组算是正式成立了。从此,研究杂交水稻从袁隆平的单打独斗变成了一个科研小组,而袁隆平的个人理论构想也变成了国家立项支持的科研课题。

袁隆平的科研工作获得了国家支持,可以正大光明地从事杂交水稻研究了。他努力排除"文化大革命"的干扰,利用学校停课"闹革命"的空闲时间积极研究。每天早出晚归,出入田间地头,在宁静美好的科研天地里自得其乐。

但是,"树欲静而风不止"。1968年5月18日,这一天是周六,袁隆平到妻子邓则工作的农业技术推广站去了。

第二天一早，心里惦记着试验田的袁隆平匆匆赶回了学校。他看到稻田里乱成一锅粥，试验用的秧苗全部被拔出或踩烂，已经枯死的秧苗散落得到处都是。看到这种景象，袁隆平一下子惊呆在田埂上，自己四年的艰苦努力白费了，好不容易找到的雄性不育株也可能就此灰飞烟灭。但他很快冷静了下来，在试验田前前后后仔细寻找起来。最后，他在田边的一口井中发现了一些散落的秧苗，沉下去的都已淹死，只有飘在上面的五株还有一线生机。他奋不顾身地跳进井里，捞出了这几株秧苗，小心翼翼地把它们移栽到自家的花盆里，才使自己几年的心血没有彻底报废。后来学校领导下令抬来抽水机，把井水抽干，但为时已晚，沉在井底的秧苗已经沤烂了。

这些打击没有让袁隆平退缩。因为他觉得自己搞杂交水稻不是为了个人，而是为了让老百姓吃上饱饭，也是为社会主义建设服务的。就这样，袁隆平的科研小组在那个纷乱喧嚣的年代仍旧全神贯注地进行着杂交水稻的研究工作。

1969年6月，学校"革委会"安排袁隆平和几个刚"解放"出来的"黑五类"分子，一起去一百多千米外的溆浦县低庄煤矿当工人。这让袁隆平无比痛心，不为别的，只是无法再研究杂交水稻了。令他意想不到的是，在煤矿只待了两个月，他就被调回学校。

袁隆平对此百思不得其解。培育杂交水稻的试验虽几经劫难，但又每次都能绝处逢生，自己多次被批斗整治又很快转危为安，自己咋就那么幸运呢？多年后才真相大白。原来袁隆平的论文《水稻的雄性不孕性》发表后，国家科委的公函不仅保证了杂交水稻的研究，也保护了袁隆平，使他在混乱的时期中没有受到大的伤害。由此可以看出杂交水稻已经不是袁隆平一个人的事，而是整个国家解决粮食问题的希望了。

当然,"文化大革命"对杂交水稻研究还是有很大的影响。可以肯定的是,如果没有这段混乱的时期,杂交水稻肯定能够提前面世。抛开当时对袁隆平等人的精神打击不提,单是各方面都忙于"革命"、无暇顾及生产的影响就够大的。比如在1975年的时候,湖南省农业科学研究院曾有人提出利用海南岛夏季的优越气候条件,组织大批育种人员到海南岛去育种,以加快杂交水稻的育种进程。这一提案得到了多数育种专家的认可。可是当袁隆平、陈一吾两人进京向农业部汇报时,却因到处都在"闹革命",有关领导无暇听取汇报而作罢。还有前面所讲的破坏试验事件,都会影响育种的进程。万分庆幸的是,从总体上讲,杂交水稻研究还是得到了国家的大力支持,这使得我国的杂交水稻培育工作多年保持国际先进水平。

殚 精 竭 虑

—— 向 两 系 法 进 军

我国种植水稻的历史可谓源远流长。但对它的产量,历朝历代都不如今天这么重视。这与党和政府的高度重视有关,也与我国地少人多的现实状况有关。20世纪60年代的矮秆革命,使我国水稻产量提高了20%,70年代袁隆平主持培育成功的三系法杂交水稻又比矮秆水稻的产量提高了20%,平均亩产达到450千克左右。这是我国水稻产量的两次大幅度提高。但进入80年代以后,杂交水稻的发展到了瓶颈期。袁隆平感到三系法虽然产量高,但也存在杂交组合配伍有限、种子生产环节复杂、需要大量劳动力等缺点,这些缺点不仅使三系法的推广消耗大量的人力、物力,也增加了制种成本。在这种情况下,袁隆平开始探寻新的增产之路。为了克服三系法杂交稻的诸多不足,他梳理了自60年代以来我国在杂交水稻方面的研究历程,提出了从三系法向两系法再向一系法进军的发展战略。

1986年10月,在长沙举办的世界首届杂交水稻国际学术研讨会上,袁隆平作了题为《杂交水稻研究与发展现状》的报告。他的报告令包括国际水稻研究所所长斯瓦米纳森博士在内的二十多个国家的杂交水稻专家震惊不已:三系法杂交水稻的增产效果已经发挥到了极限,不改变思路不会有大幅度提高;三系法杂交水稻的育种程序太过复杂,育种周期长,杂交配伍有限,制种成本高,种子价格贵。所以,袁隆平提出,三系法杂交水稻必须淘汰!要将三系法简化为两系法,再简化为一系法,使育种程序由繁到简,杂种优势由弱到强,种子成本由高到低,稻谷产量也要有大幅度提高。由于两系法杂交水稻的战略意义,1987年我国将其列入"国家高技术研究发展计划"(863计划)的攻关项目。

袁隆平提出这样的战略构想是有理论依据的,早在研究三系法的过程中,他们就有了与两系法相关的很多新发现。

国内最早研究两系法杂交水稻的是原安徽省芜湖地区农业科学研究所的江鸿志,他从20世纪70年代初就开始了这方面的研究。江鸿志将有遗传标记的恢复系与不育系杂交,再将它们结的种子培育成秧苗,根据秧苗是否有标记性状来区分杂交稻和不育株。这样就省略了保持系,达到恢复系一系两用的目的。但他选择的不育系的不育性不稳定,在生产上难以利用,最后只能停止了这方面的研究。

1973年,湖北省沔阳县的石明松在粳稻中发现了三株特殊的雄性不育株。这种突变株在夏天花粉败育,是雄性不育的;但如果秋天种植,它的花粉就正常,变成雄性可育的了。经过 6 年的系统试验,石明松发现,它的不育性是受一对隐性核基因(aa)控制的,正常植株(雄性可育)的核基因型为 AA 或 Aa。这种性状既受基因控制,也受日照时间的影响。基因型为 aa 的水稻在长日照条件下表现为雄性不育,在短日照条件则表现为雄性可育。因此,这种不育株被称为光敏核雄性不育株。

根据光敏核雄性不育株的特点,我们可以让它在长日照条件下(夏季)开花,作为雄性不育的不育系母本;也可以让它在短日照条件下(春季)开花,作为雄性可育的保持系。这样就实现了将不育系和保持系合二为一,达到一系两用的目的,杂交水稻也就从原来的三系变成了两系。

由于这种不育性状是基因突变引起的可遗传变异,能稳定地遗传给后代,所以可以通过杂交将不育基因转移到具有某种优良性状的母本身上。这样,母本的选择范围扩大了。这种不育性状是受细胞核内的一对隐性基因控制的,很多品种都可作为恢复系与它杂交,这就大大拓展了可用于杂交的亲本组合范围,为杂交水稻的发展极大地拓展了空间。

所以,这种光敏核雄性不育株一经发现,就受到了各个科研单位的重视,被迅速地应用到杂交水稻培育中来。

后来,又有育种工作者在籼稻中发现了多个光敏核雄性不育类型。也有育种工作者发现了温敏核雄性不育类型,它的育性主要由温度变化制约。再后来又有育种工作者发现了一些中间类型,这类材料被统称为光、温敏核雄性不育系。

但是,两系法杂交水稻研究不像预期的那么简单。在 1989 年夏天,由于气温异常,许多原来鉴定为不育的材料又变成了可育,两系法研究遇到了重大挫折。许多研究人员思想上出现了摇摆,甚至有人否定两系法。面对突然出现的困难和巨大的思想压力,袁隆平勉励协作组的成员不要灰心,要继续想办法解决这个难题。

1992年,为了让全国同行及时分享自己的科研成果,袁隆平写了《选育水稻光、温敏核不育系的技术策略》一文。在这篇论文里,他回顾了自己和同行们多年的研究历程,指出了培育两系法杂交水稻的技术关键。

在实际生产中,光周期和温度一般是正相关的,比如春天光周期变长,气温也逐渐升高。但在阴天、雨雪等特殊气候条件下,光周期和温度又可能表现得不一致。比如某一年春季由于连续降雨(雪),气温偏低;或因为长时间干旱,气温偏高。这些不良气候也给杂交水稻的育种工作带来了很多困难。

根据杂种优势的原理,水稻的不同品种间遗传差距较小,所以品种间的杂交水稻优势有限。而不同亚种的水稻遗传差距较大,利用不同亚种作为亲本得到的杂交水稻比品种间杂交水稻可增产30%,但培育亚种间杂交水稻技术难度大,成功概率低。此外,亚种间杂交水稻还有一些缺点,比如稻苗徒长,生长期太长,结实率偏低,籽粒饱满度较差等。所以,要大幅度提高水稻的产量,最好培育亚种间杂交水稻。还要想办法让杂交水稻扬长避短,抛弃遗传差距过大造成的缺点,保留高产优势。存在的问题都要一一解决。

袁隆平的助手罗孝和很好地解决了这些问题。罗孝和培育出了世界上第一个有实用价值的品种间籼型低温敏不育系"培矮64S",使杂交水稻的培育从三系法过渡到两系法成为可能,也为培育亚种间杂交水稻打下了基础。"培矮64S"是应用最广泛的两用核不育系,累计种植面积达1亿多亩,占两系法杂交水稻面积的70%以上,增收的水稻价值100多亿元。罗孝和因此荣获2001年国家科技进步奖一等奖。

为了克服水稻开花期间温度不稳定对水稻不育性的影响,罗孝和在水稻要开花时让人抽取水库底层的冷水灌溉稻田,这个发明从根本上保证了低温敏不育系水稻的育性控制,使两系法杂交稻顺利铺开。

袁隆平带领大家经过9年的努力,到1995年,终于培育出了产量高、操作简便、品质优良的两系法杂交水稻。在1996年国务院政府工作报告中提到了这个重大科技成果,该成果还被列为1996年全国十大科技新闻的第一条。两系法克服了三系法的一些缺点,简化了制种程序,降低了种子成本,而且扩大了用于杂交的亲本组合范围,使杂交水稻进一步增产5%～10%,米质也更加优良。最出名的两系法新品种"香两优68"产量高,米质好。种过的农民一提到这个品种都纷纷竖起大拇指说:这个品种真好!

1996年,两系法杂交水稻开始大面积推广。随后,适于长江流域种植的两系法杂交早稻也培育成功,于1998年开始示范推广种植。到2000年,全国累计推广两系法杂交水稻5000万亩,10年累计推广1.2亿亩,累计增加产值110亿元。

截至1998年,全国有15个两系法杂交水稻组合通过品种审定,61个光、温敏型核不育系通过技术鉴定,累计种植两系法杂交水稻1600万亩。其中安徽省有"700As"等五个光、温敏核不育系和"70优9号"(皖稻24)、"70优04"(皖稻26)、"70优双九"(皖稻48)三个两系杂交粳稻组合通过技术鉴定或品种审定。

两系法的成功,使杂交水稻的研究达到了一个新的高度。与袁隆平一起艰苦奋斗三十多年的罗孝和,一名从山区走出来的农家子弟,如今已是我国当代著名的水稻育种专家。谈到自己取得的成就,他谦逊地说:"这一切都归功于袁老师的指导,没有他的指导就没有我的今天。"在袁隆平的悉心指导下,罗孝和、李必湖、邓华凤、邓启云、杨远柱等一大批育种专家成长起来,成为我国杂交水稻事业不可或缺的中坚力量。

两系法杂交水稻是我国首创的高新技术,它不仅简化了育种程序,降低了制种成本,而且扩大了亲本组合范围,提高了强优势组合出现的概率。

原中国水稻研究所所长闵绍楷感慨地说:"我真佩服袁隆平,在每一个关键时刻,每一个困难面前,他都毫不动摇,各种困难都难不倒他。"

在两系法杂交水稻育种理论的启发下,两系法杂交高粱、两系法杂交油菜、两系法杂交棉花、两系法杂交小麦相继研究成功。我国农作物育种创造出了新的辉煌。

袁隆平后来在回答记者关于成功的原因时说:"我认为知识+汗水+灵感+机遇=成功。知识是基础;有了知识,还要不怕苦不怕累,又能刻苦钻研,才能产生灵感;再遇上好的机遇,才能取得成功。如果没有丰厚的知识底蕴,即使再努力,流再多的汗水,在科研时也不会迸发出灵感;即使有好的机遇,也会错过。"

他还说:"我认为一个科学家不能迷信权威,也不能迷信书本,更不能取得一点成绩就沾沾自喜,自以为是。科学没有止境,只有勇于创新,才能取得丰硕的成果。"

再创辉煌

——超级杂交水稻

1981年,日本率先启动了水稻超高产育种,计划在15年内将水稻产量提高50%,即由亩产420～540千克提升到630～810千克。但直到 1996 年,他们的科研目标还没有实现。国际水稻研究所也在 1989 年开始研究超级稻,1999 年在小片区亩产达到了 800 千克以上。

在此期间,袁隆平也提出了培育超级杂交稻的技术思路。他从超级稻的标准、杂交亲本的选择、杂交过程的实施等方面进行了阐述。我国农业部于 1996 年对中国超级稻育种计划进行了立项,具体分两期完成:

第一期(1996—2000 年),同一生态区 2 个百亩示范片平均亩产 700 千克以上;

第二期(2001—2005 年),同一生态区 2 个百亩示范片平均亩产 800 千克以上。

经过长时间的试验和总结,1997 年袁隆平顿悟出培育超级稻的心得:一是注重杂交稻的形态改良;二是注重杂种优势利用。只有将二者结合起来综合利用,才能大幅度提高杂交稻的单产。

那么,怎样获得超高产的组合呢?这需要育种工作者付出更多的时间和精力去从事更加艰辛的试验和探索。袁隆平在他的论文《杂交水稻超高产育种》中提出,可以从以下三方面入手:

(1) 利用亚种间的杂种优势选育超高产组合。

亚种间杂交水稻比品种间杂交水稻具有更强的杂种优势,因此,这是当前最现实有效的途径。

(2) 利用野生稻的有利基因选育超高产组合。

1995 年,国家杂交水稻工程技术研究中心与美国康奈尔大学合作,采用分子标记技术,结合田间试验,在野生稻中发现了两个重要的基因位点,每一基因位点具有比当时的高产杂交稻增产 18% 左右的效应。可以运用基因工程技术将这些优秀基因转移到栽培稻体内,获得较大幅度的增产。

进入 21 世纪后,现代生物技术的发展非常迅猛。科学家可以对优秀的栽培稻和野生稻进行基因测序,再借助基因工程、细胞工程等技术手段将它们的优秀基因进行组合,从基因水平解决杂交稻的优质高产问题。

(3) 利用新株型超级稻选育超高产组合。

国际水稻研究所培育的新株型超级稻将比现有的高产纯系品种增产 20%,进一步,新株型超级稻将用于选育籼粳亚种间杂交稻,其产量又可增加 20%~25%,两者相结合,可把热带水稻的产量潜力提高 50%。

围绕培育超级杂交稻这一核心工作,袁隆平展开了许多卓越有效的工作,下面我们具体介绍一下这个过程。

利用亚种间的杂种优势选育超高产组合

袁隆平指导育种工作者将产量高、米质优良的不同亚种的水稻作为亲本,将它们杂交得到的杂种子一代作为种子给广大农户种植。结果发现,这些杂交水稻表现出了巨大的优势:一是穗大粒多,如"培矮 64S/E32""两优培九"两个超级稻先锋品种平均每穗总粒数在 180 粒以上,最高的超过 250 粒;二是根系发达,能充分摄取土壤中的矿质营养;三是茎秆粗壮、重心低、抗倒伏、稻穗载重量可达 25 克;四是灌浆及成熟期较长;五是结实率高、充实度好。在 1999 年的杂交水稻示范中,有 14 个百亩片和 1 个千亩片亩产达 700 千克以上,达到了农业部制定的超级稻标准。在云南永胜县涛源乡试种点,小片亩产达到了 1139 千克,创造了当时水稻单产的世界纪录。在 2000 年,袁隆平宣布超级稻亩产 700 千克的第一期目标已经完成。

2002年,在湖南龙山县的百亩示范田里,杂交水稻平均亩产817千克,已经达到了国际水稻研究所制定的超级稻标准。据袁隆平提供给记者的一份数据表明:常规稻、三系法杂交稻、两系法杂交稻和超级稻单位面积产量比为100∶120∶129∶181。又经过两年的调整和完善之后,袁隆平在2004年宣布超级稻亩产800千克的第二期目标已经完成。

总的来看,经过20多年的艰苦努力,袁隆平带领团队已分别于2000年、2004年、2011年、2014年实现超级稻大面积亩产700千克、800千克、900千克、1000千克的第一期、第二期、第三期、第四期目标。此后袁隆平并没有停止脚步,又提出实现大面积示范达到16~18吨的超高产攻关目标。到2018年,已经实现每公顷17吨的产量指标,特别是在云南个旧超级杂交稻示范基地,百亩片平均产量达到1152.3千克,即每公顷17.28吨,创造了水稻大面积种植的世界最高纪录。

但是,面对杂交水稻产量不断创下新高的好消息,有人却指责杂交水稻高产不优质,说杂交水稻"米不养人、糠不养猪、草不养牛"。

事实是否真是如此呢?袁隆平没有过多地辩白,他选择了用事实说话。有一次广东省韶关市农业局召开稻米品质鉴定会,邀请有关领导和专家80多人参加。农业局选送了六个稻米品种,其中两个为进口优质米,两个为广东的名牌优质米,还有两个杂交水稻,采用编号保密和无记名打分的方式进行鉴定。结果得分名列榜首的却是高产的杂交水稻新品种"香优63"。

袁隆平说:"我们要做到的是米质优良的同时又要保证高产。"

我们在看到一串串数字的时候,很少想到研究者们背后的艰辛,更少去探究他们研究中的科学道理。在这里我们介绍一下什么样的水稻才算是超级稻,袁隆平等科研人员是怎么培育超级稻的。

要提高农作物的产量,一般有两条途径:改善土地条件和改良品种。良好的土地条件是保证农作物高产的外界条件,优良的品种是获得高产的内在保证。

所以,袁隆平等育种工作人员不仅要培育优良品种,还要研究这些品种的生长条件,指导农民怎样平整土地,怎样施肥,怎样进行科学的田间管理。

例如,科研人员认为在栽培方面,需要做好以下几方面的工作:

(1) 软盘育秧。

俗话说:"秧好禾苗壮",只有尽量让每一株水稻都长得高大健壮,整块地才能获得集体优势,在收获季节才能夺得高产。与漫撒播种不同,塑料软盘可以为每粒种子提供平等、充足的生长条件。为了节约种子,便于管理,要精确控制播种数量。对于生长期长的晚稻,每个小孔只播种一粒发芽良好的种子;对于生长期短的早稻,则可以每孔播 $2\sim3$ 粒。目前,多数种植杂交稻的地区都实现了工厂化育秧。育秧工厂可以通过集约化管理,精确地控制温度和湿度,合理地施用肥料,保证出厂的都是敦实健壮的好秧苗。软盘育秧还有一个优点,就是出秧时可以将软盘连同秧苗一起卷起,省时省力,运输方便。一般经过 $10\sim13$ 天,秧苗长到两叶一心,就可以起秧移栽了。

(2) 幼苗移栽。

当幼苗长到两叶一心时,就要抓紧时间进行大田移栽。移栽时注意只需摆稳秧苗即可,这样容易生根。如果插秧太深,不但需要较长的恢复时间,也不利于根系向深处、向四周发展。选择合适的时机移栽,还有利于分蘖,可以提高稻谷的产量。软盘上等距离的小孔已经将秧苗之间分开,便于单株移栽。这样可以充分发挥每一株秧苗的个体优势,尽可能低位分蘖并增加分蘖数量,使根系、叶片和分蘖得到合理配置,实现穗大粒多的高产目标。

(3) 合理稀植。

"稀禾结大谷"。由于水稻具有较强的分蘖能力,在栽培时就应该从以往的"合理密植"转向"合理稀植",中稻的株距和行距均以约27厘米(8寸)左右为宜,早、晚稻则可以适当增加密度。通过合理稀植,增加了水稻的分蘖数量,一般单株可以分蘖50~60个,增加了稻穗的数量。合理稀植还增加了禾苗的通风透光,有利于大穗的形成。

(4) 科学施肥。

传统种植模式下,多采用漫撒施用尿素等化肥,不仅浪费严重,还存在营养不均衡的问题。

农业技术人员通过研究,帮助农民制定了精准施肥方案。例如,亩产800千克的超级稻田,就需要氮12千克、磷6千克、钾9千克,再根据每一种化肥的氮、磷、钾含量,就可以确定施肥的种类和数量了。

当然,这个标准也不能到处都统一使用,要因地制宜,因为不同地区的农田水肥基础不同。通过农业科技工作者的土壤采样分析,制订出适合当地的科学施肥方案。

根据袁隆平科研团队的研究经验,超级稻要多施用有机肥。一般每亩施用1500~2000千克腐熟肥或者猪、牛粪800~1000千克。有机肥不仅营养全面,还可以改良土壤结构,消除施用化肥导致的土壤板结。此外,有机肥还能促进土壤中固氮微生物的生长繁殖,为水稻提供充足的氮源,从而夺得高产。

(5) 湿润灌溉。

水稻的根系可以通过无氧呼吸忍受较长时间的缺氧,但无氧呼吸产生的酒精对细胞有毒害作用,会导致水稻烂根。因此,水稻比较能够耐受水的浸泡,但它毕竟不是水生植物,如果长时间遭受水淹,就会影响水稻的根系从土壤中吸收矿质营养,进而影响稻谷的产量。

因此,在栽培水稻的时候要适时、适量地进行灌溉。一般在营养生长期间,土壤以湿润为主,再间歇地让土壤干至微拆。这种半干半湿的土壤有利于根系获得氧气,也有利于根系向下、向四周发展,吸收更多的营养。在水稻孕穗期间,要保持3厘米左右的薄水层,使水稻的营养向稻穗集中。在收获前5~7天,将水排干,减少稻穗中的水分,增加稻穗中的干物质含量。

利用现代育种技术提高杂交稻产量

(1) 利用诱变育种技术。

从产生培育超级杂交水稻的构想开始,袁隆平就在琢磨如何利用现代育种技术提高杂交水稻的产量。

随着我国航天事业的飞速发展,袁隆平的育种思路从稻田拓展到了太空。他在进行超级稻育种的试验过程中,积极参与我国尖端航天育种工程。太空环境为微重力、强辐射、高真空。这种特殊的环境下,容易使种子和微生物产生基因突变。基因突变是生物变异的根本缘由,是生物进化的重要原因之一。杂交育种的方法,说到底是利用现有的不同品种的基因进行重新组合,而基因突变能产生现在地球上没有的基因类型,会大大丰富育种时的选择范围,增产的效果也会更加显著。

早在1996年10月,袁隆平就将精选处理过的杂交水稻种子搭载在我国发射的卫星上,这些种子在太空经过15天的宇宙射线照射之后返回地面。同年12月到第二年4月,在三亚的育种基地完成了这些太空种子的第一代种植,1997年5月在长沙国家杂交水稻工程技术研究中心的试验田进行了第二代育种种植,共种植了229个株系,44 987株。通过现场观察测量、分析发现,很多子代都表现出了高频率的变异,个别性状的变异频率高达12.36%,而一般用X射线照射得到的变异率只有0.125%,宇宙射线处理的种子的变异率提高了100倍。

试验报告送到"863"课题组,最先看到这份报告的航天育种专家蒋兴村院士不敢相信这是真的。"12.36%的变异率,这简直是神话。地面自然变异的概率仅有百万分之一!是不是搞错了?"他立即与有关人士联系、询问。袁隆平院士在报告上很认真地签署了意见:"情况属实,请有关领导给予大力支持。"

(2) 开展籼稻基因组测序工作。

在袁隆平大力推进超级稻研究的时候,美国、菲律宾等国家的科研机构也启动了超级杂交水稻研究工作。2000年4月初,美国最大的基因工程公司孟山都公司宣布,他们完成了水稻的基因组测序,但他们做的是粳稻;同时日本也搞了一个国际水稻基因组计划,做的也是粳稻。袁隆平从自己多年的育种实践知道,粳稻杂交种并没有显著的杂交优势,所以他研究的超级水稻是杂交籼稻。籼稻为什么能更多地表现出杂交优势?这和它的基因组有什么关系?袁隆平等有识之士想到,像我国这样一个人口超级大国,如果吃饭的问题也需要向外国购买知识产权,那将是多么巨大的负担。如果我国率先完成超级杂交水稻的基因组测序工作,就可以拥有这一农业高科技的知识产权。所以在2000年,袁隆平与杨焕明、于军、汪建、刘思奇等人领导的中科院遗传研究所人类基因组中心进行合作,启动了超级稻计划的"姊妹计划"——"水稻基因组测序和重要农艺性状功能基因组研究",要从基因这个微观水平上破解杂交水稻的高产密码。接下来的几年里,他们在完成超级杂交水稻基因组测序的基础上,又开展了与产量提高、米质提升有关的基因研究,在分子水平上探索超级稻的增产方法,以保证超级稻在国际上不落伍。他们希望通过超级杂交水稻的基因组测序工作解决以下问题:第一是高产,第二是优质,第三是抗病,第四是耐寒,第五是抗逆转等。

2002年12月12日,中科院、国家计委、科技部联合宣布,我国已完成水稻(籼稻)基因组"工作框架图"和数据库。同时表示我国将遵循国际惯例,将所有的研究数据公布,供全球育种工作者免费共享。这是我国科学家为人类做出的一项重大贡献,也是一项在生命科学领域中具有世界领先水平的重大科技成果。这项工作和杂交水稻研究互为依托,相互促进。

(3) 利用基因工程技术提高水稻产量。

袁隆平认为,超级杂交水稻仅仅达到亩产900千克是不够的,还要力争优质。按照他的设想,要让超级稻的米质从三级或二级提高到一级,抗逆能力也要大幅度提高。要在短期内达到这些目标,运用传统的杂交育种技术是很难实现的,必须借助当今的基因工程等高新技术才能实现。他开始积极与基因工程方面的专家合作。他了解到香港中文大学辛世文教授是一位世界一流的植物基因工程专家,就积极与辛教授探讨合作研究超级杂交水稻的事宜。辛教授早在1980年就提取、克隆出了世界上第一个植物基因,同时第一个发现植物基因也含有插入序列,因而被国际同行誉为"克隆植物基因之父"。2001年7月,袁隆平开始与辛教授合作,将传统育种技术与现代基因工程结合起来,努力培育出产量更高、品质更加优良的优质杂交水稻。为了使这个计划更有成效地完成,他们还邀请专门研究植物光合作用的美国华盛顿州立大学华人科学家古森本教授加入进来,强强联合,共克难关。

通过基因测序分析,从野生稻中发现了两个增产基因。这两个基因分别位于第一、第二染色体上,每个基因有17%~18%的增产效应。袁隆平团队把这两个基因转移到栽培稻体内,获得了穗大粒多的新品系,在示范田中比对照组增产20%左右。

稗草是稻田里常见的杂草,它生长旺盛,抗逆能力强,体内一定有相关的优势基因。袁隆平团队利用稗草的基因,培育出了一个很好的恢复系——RB207。

人们早就知道,水稻、小麦等多数植物属于C_3作物,而甘蔗、玉米等原产热带的植物是C_4植物,C_4植物的光合作用效率要比C_3植物高得多。如果运用基因工程技术将C_4植物中与光合作用相关的基因转移到水稻体内,将会大大提高水稻的产量。其他的比如将野生稻和其他种属的有利基因转移到水稻体内,培育远缘杂交水稻,在增产效果上也会非常明显。袁隆平通过与香港中文大学合作,将C_4植物的4个关键基因转移到超级杂交稻体内,提高了水稻的光合效率。

2001年11月,袁隆平在世界农业科技大会上发言时指出:可以借助现代生物技术加速超级杂交水稻的研究。除了将玉米体内与光合作用有关的基因转移到杂交水稻体内的研究之外,利用高科技优化米质的工作也全面展开。

超级杂交水稻的培育成功

2006年年初,袁隆平接受记者采访时说:"超级杂交水稻的研究已在2000年、2004年分别完成了第一期、第二期目标。第一期超级杂交水稻在 2000 年有 16 个百亩片和 4 个千亩片平均亩产达到了 700 千克的目标。在大面积推广的 3000 万亩中,平均亩产达到了 550 千克,超过了日本的平均亩产 440 千克,更是远远超过了印度的平均亩产 200 千克;第二期超级杂交水稻在 2004 年有 12 个百亩片和 1 个千亩片达到了平均亩产 800 千克,今年已开始大面积推广。第三期超级杂交水稻现已进入攻关阶段,预计 2010 年完成,平均亩产将要突破 900 千克。要完成第三期目标难度很大,就像跳高一样,到一定程度再提高就非常难了。从育种方法上来看,一、二期目标采用的是常规育种技术,三期目标要更多地依靠现代生物技术,特别是将基因工程技术和常规育种技术结合起来,利用外缘的有利基因实现水稻的大幅度增产。……对于第三期目标我们充满信心。水稻的光能利用率可以达到 5%,将此数对折,以长沙的辐射量来计算,水稻亩产就能达到 1500 千克,所以培育高产水稻是有理论依据的。我们在 2005 年就出现了最高亩产 900 千克的地块,但只有一两亩,还没有达到国家规定的两个百亩片连续两年亩产 900 千克的指标。今年我们争取在公顷级地块上达到亩产 900 千克,争取 2010 年完成任务。"

在第三期目标基本完成之后,袁隆平又提出了第四期、第五期目标。第四期目标为平均亩产 1000 千克,已在 2014 年完成。2014 年 12 月袁隆平在三亚接受记者采访时说:"我希望启动超级杂交水稻第五期攻关,每公顷的产量可以达到 16 吨。"2015 年在接受《农民日报》记者采访时他说:"原计划 2018 年完成每公顷 16 吨的攻关目标,争取提前两年实现。尽管国际上理论水稻产量极限为每公顷 15.9 吨,但我们就是要突破这个极限"。这位已经 85 岁高龄的科学家,仍然忙碌在超高产杂交水稻研究的第一线。

2020年11月2日,在湖南衡阳的水稻基地,来自全国的院士和专家验收了袁隆平领衔研究的第三代杂交水稻。早稻平均亩产619.06千克,晚稻"叁优一号"的平均亩产为911.7千克,双季亩产达到了1530.76千克。实现了袁隆平90岁生日时许下的"亩产达1500千克"的愿望。第三代杂交水稻的抗逆能力也受到专家们的认可。尽管水稻种植地遭遇了长期的低温阴雨天气,但第三代杂交水稻依然长势旺盛,获得了令人满意的高产。

超级杂交水稻给农业生产带来希望和光明。超级杂交水稻具有穗大粒多、抗倒伏、光合能力强、适应性广等优点,具有广阔的推广前景。通过超级杂交水稻大幅度提高水稻产量大有希望。如果用超级杂交水稻全部代替目前生产上应用的杂交水稻,即推广2.3亿亩,按平均每亩增产稻谷100~150千克计算,每年可增产稻谷230~345亿千克,可以解决6000万~8000万人的口粮。可以说,超级杂交水稻是21世纪增加我国粮食的重要途径,是养活未来我国16亿人口的根本出路,也是解决未来世界性粮食危机和饥饿问题的有效途径。它将对我国国民经济和社会发展以及世界和平和粮食安全等产生巨大的影响。

在我国,随着城镇化进程的加速,开发用地占用了不少农田。随着工业经济的持续增长,农业经济已经落在后面。袁隆平密切关注和思考着农村的发展和农业的出路,他说:"现在中国人口仍然在逐年增加,但随着城市化进程的推进,耕地每年减少600万亩,占所有耕地的0.3%。这样人多地少的矛盾将越来越突出。要确保我国的粮食安全,只能依靠科技进步,用有限的土地生产出更多的粮食,所以我们搞超级杂交水稻有重大的现实意义。"

可喜的是,国家有针对性地采取了一些有效的"反哺农业"的措施,对农业实行"多予、少取、放活"的政策,逐年免征农业税。从 2005 年开始,中共中央开始推进社会主义新农村建设。这年底,全国人大常委会审议通过,自 2006 年起全国免除农业税,在法律层面上为保护农民利益和促进农村社会的发展提供了强有力的保障。这一切,使我国广大农村迎来了崭新的发展空间。

百尺竿头

——向一系法进军

袁隆平在书房内挂有自己写的一首七绝:"山外青山楼外楼,自然探秘永无休。成功易使人陶醉,莫把百尺当尽头。"诗词表明了他探秘杂交水稻永无休止的决心。

在三系配套杂交水稻早已大面积推广,两系法水稻也因发现了光、温敏核不育特性有了实质性的成果之后,袁隆平和助手们又开始考虑向一系法进军了。

一系法的最大优点是不再需要年年制种,种子优势没有变异,由三系法到一系法的过程是一个由繁复到简单、由低级向高级进步的过程。在保证高产的前提下,一系法最大限度地减轻了劳动量,从而降低了制种成本。种子便宜了,也就变相增加了农民的收入。

虽然一些种子经营部门,包括有的科研人员都反对一系法,但袁隆平认为,一系法一定要搞,科学应该是不断进步的!

三系法的育种程序和生产环节较为复杂,选育新组合的周期较长,效率偏低,因而具有推广环节偏多、更新速度缓慢以及种子成本居高不下、价格昂贵等不利因素,这些不利因素使三系法杂交水稻在种植面积和产量提高上都受到了制约。因此,三系法被淘汰只是时间问题。而两系法具有配组自由、一系两用以及能避免不育细胞质负效应等优越性,所以两系法是三系法向一系法过渡的良好选择。目前我国杂交水稻制种主要采用两系法,但也在积极探索一系法。2014年1月,袁隆平和他的团队凭借"两系法杂交水稻技术研究与应用"项目获得2013年度国家科学技术进步奖特等奖。

所谓一系法,即培育不发生性状分离的子一代杂种,将杂种的优势固定下来。无融合生殖被多数科学家认为是培育一系法杂交水稻的可行办法。对此,袁隆平认为,将无融合生殖用于杂交水稻育种是一项价值巨大、希望巨大,同时也是难度巨大的研究课题,将会是我国的一项长远战略目标。他在20世纪80年代就开始考虑无融合生殖的实施问题了。

1986年,他参加意大利米兰国际无融合生殖学术会议,回国后不久就提出了利用无融合生殖材料固定杂种优势,实现一系法远缘杂交育种的战略设想,并很快将这项研究申请了国家科委的863计划。在他的战略设想引导下,不仅湖南杂交水稻研究中心组织开展了无融合生殖水稻的研究,而且在全国范围内也迅速掀起了一股研究水稻无融合生殖的热潮,连台湾地区的研究机构也积极参与进来。在短短数年内,各研究单位发现了相当一批水稻无融合生殖材料。湖南杂交水稻研究中心的赵炳然和黎垣庆也各有发现。90年代江泽民、李鹏等中央领导前去视察时,都曾通过电子显微镜观看了相关的细胞显微图像。

所谓无融合生殖,就是无性种子生殖。也就是说,一般情况下,种子的胚芽都是由雌花的卵子和雄花的精子融合孕育而成的,但有的一粒种子中存在几个胚芽,其中有个别胚芽不是由双亲的精卵融合,而是由母体单方面的细胞组织发育而成的。这种胚芽成长后育出的后代,可以通过种子保持一个亲本的遗传特性,因而可以用来固定杂交优势。但是,无融合生殖是一种非常复杂的现象,判定某一异常胚芽是否确属无融合生殖,必须有严格的遗传学和胚胎学鉴定。要找到一种具有实用价值的无融合生殖材料是非常困难的。曾有国外科学家经过半个世纪的努力,才正式登记了两个具有无融合生殖特性的杂交牧草品种。

然而,进入90年代之后,美、英、日等国水稻科研界还是相继开展了有关研究,菲律宾国际水稻研究所也把这项研究列为新的水稻研究前沿课题之一。可见袁隆平的杂交水稻育种战略思想对整个国际水稻科技界的影响有多大!

培育一系法杂交水稻还有一个思路。在湖南省农业科学院和农学会联合举办的一次研讨会上,有两名学者的发言引起了袁隆平和与会同行的注意。他们是福建农业大学博士后流动站的博士后黄群策和湖北大学生命科学学院院长蔡得田教授。他们提出了利用水稻杂种优势与诱导水稻多倍体相结合的办法实现超高产育种,甚至实现一系法育种的新设想,并给出了某些初步试验结果。

水稻是二倍体作物。从生物变异的规律来看,水稻变成四倍体以后,植株的花、叶片、果实和种子都会增大,因而可以导致作物增产。而且要使二倍体变成四倍体在技术上已经非常成熟,只需用秋水仙素处理萌发的种子或幼苗就可以了。因为秋水仙素能抑制有丝分裂时的纺锤体形成,使染色体在细胞分裂时无法分配到两个子细胞中,进而使细胞染色体加倍。

由于多倍体这种变异是由染色体数目整倍的变化引起的,所以多倍体可以稳定地遗传。

这是它比一般有性杂交后代容易发生性状分离明显优越的地方,因此,国内外曾有很多育种工作者尝试过多倍体水稻研究。但是,多倍体的果实和种子虽然较大,结实率却很低,所以培育多倍体可以用于像甘蔗这样不需要种子的作物。对水稻来说,多倍体并不适宜。实践证明,无论是美国、日本、印度还是我国科学家搞出的四倍体水稻,都存在着结实率低的问题,以致达不到高产的目的。所以,自20世纪60年代以后,这项研究就基本上停滞下来。曾有一名非常优秀的教授做了很多年多倍体水稻研究,最后不得不喟然长叹说:"没想到多倍体水稻这么难搞。要早知道,我就不会搞了。"所以,当年袁隆平在努力提高稻谷的产量的时候,没有选择培育多倍体,而选择了利用杂交优势,他是幸运的,也是明智的。

现在有人提出将多倍体育种和杂交育种相结合的思路,袁隆平觉得还是可以探索的。由于科学技术的发展和进步,生物技术在21世纪得到迅猛发展,杂交育种、人工诱导多倍体育种、单倍体育种、人工诱变育种等众多育种方法与基因工程、细胞工程相结合,极有可能培育出以前人们闻所未闻、见所未见的新品种。

总体来说,一系法杂交水稻的研究虽然还处于探索试验阶段,好在袁隆平已经培养了很多育种方面的专家,这些人当中既有理论水平非常高的博士,也有实践经验非常丰富的技术人员。他们已经为一系法在21世纪的成功打下了坚实的智力基础。

谁来养活中国

——杂交水稻的巨大贡献

1994年美国世界观察研究所所长莱斯特·布朗博士在《世界观察》杂志(1994年第9—10期)上发表了题为《谁来养活中国?》的文章。这篇文章一经发表立即在世界上引起了巨大的反响,几乎所有重要的国际性报刊和新闻机构都在显要位置上做了转载和报道,我国政府和学术界也迅速做出了强烈反应。随后,布朗又在几个重要的国际会议上发表讲话,宣扬他的观点,并不断补充新的证据。1995年下半年他又出版了系统全面地论述他的观点的专著——《谁来养活中国?》。

在《谁来养活中国?》一书中,布朗向全世界也向中国提出了"谁来养活中国"的问题。他提出这个问题的前提假设是中国在1990年至2030年期间将实现持续而快速的工业化。他从日本、韩国和我国台湾地区的共同经历中发现:在工业化之前人口密度就很高的国家和地区,即人均占有耕地很少的国家和地区,在快速工业化的过程中必然伴随着耕地的大量流失和粮食的大量进口。他把这一发现当作一条规律确定下来。布朗根据我国和国际上某些机构发布的统计数据,分析了我国未来30~40年间的人口、人均消费水平、耕地、复种指数、水资源、化肥投入、单产和生态环境的动态趋势,他也分析了未来世界上主要粮食出口国和进口国的供给与需求情况,由此得出了五条重要结论:

(1) 中国改革开放30年来,经济迅速腾飞,人均收入提高很快。富裕起来的中国人要喝牛奶、要吃肉,而饲养牛、羊、猪等动物要消耗大量的粮食,再加上中国人口还在逐年增加,据此预计中国每年的谷物需求量将达到 4.79 亿~6.41 亿吨。与此同时,由于快速实现工业化、迅速推进城镇化,使大量的农田被占用,这样一来,中国每年的谷物总产量将减少 1/5,只有 2.72 亿吨。需求与产出的巨大差距,使中国每年出现 2.07 亿~3.69 亿吨的谷物缺口,而目前全世界每年的谷物出口量只有 2 亿吨,不够的粮食从哪里来?

(2) 富裕起来的中国将有足够的外汇进口所需要的谷物,但是世界上谷物出口是有限的,中国将会使世界进入粮食短缺时代。世界粮食市场也会从 1990 年起由买方市场转变为卖方市场。

(3) 中国大量进口粮食,会导致粮价大幅提高,致使一些低收入国家和低收入人口无力购买口粮而导致饥荒。粮食是所有物资的基石,粮价上涨会引发世界范围内的经济崩溃,也会在贫穷国家引发骚乱。

(4) 目前,开放的中国已经是全球经济体中重要的一环,中国的经济需求将通过国际贸易对全世界产生影响,中国的粮食问题、土地压力也将对全球生态系统造成巨大的压力,导致地球生态系统崩溃。

(5) 中国的粮食缺口不但会让全世界的穷人买不起口粮而引发动荡和骚乱,还会破坏人类赖以生存的自然生态系统,而这种危害的严重性要远大于军事入侵,不但会危害现在地球上的人类,还会危害我们的子孙。所以,我们应从粮食短缺的角度重新看待人类"安全"的问题。

综上所述,布朗先生提出的不仅是"谁来养活中国"的问题,还是"一个养活不了自己的中国将给世界造成多大压力"的问题。

《谁来养活中国?》向世界也向我国敲响了警钟,也成为某些"中国威胁论"者抵制我国的借口。在改革开放 40 多年后的今天,大多数国人已经能够理智而辩证地面对这些言辞了。很多有识之士指出，布朗先生的担忧不是没有道理，我们在发展过程中确实需要越来越多的粮食，不可避免地会占用耕地。解决供给和需求的巨大矛盾的有效措施，除了尽量少占用耕地以外，就是想办法提高粮食单产。袁隆平等人研究的杂交水稻为提高粮食单产提供了一个可行的办法。从杂交水稻开始推广到现在，我国通过自己的努力，证明了可以通过提高粮食单产的办法缓解粮食不足的问题。

1976年，全国示范推广杂交水稻面积达208万亩，全部增产20%以上。全国粮食总产量达到28 631万吨，比1965年增长47.2%。仅从1976年到1987年，我国因推广杂交水稻获得的增产就有1亿吨以上，这些增产的粮食足以解决6000万人的口粮。使人口众多的我国于20世纪80年代中期实现粮食的自给自足。由于推广杂交水稻等高产农作物，我国用不足世界7%的耕地解决了约占世界1/5的人口的粮食问题。

事实证明，杂交水稻不仅解决了我国人民的温饱，而且给世界人民带来了福音，为保障世界粮食安全、促进世界和平做出了巨大贡献。

自20世纪90年代开始，联合国粮农组织就大力推广杂交水稻，帮助发展中国家解决粮食短缺问题。袁隆平除了在国内继续主持超级杂交水稻的研究外，也着力向世界各地推广这项先进技术。在亚洲、非洲、美洲等地，我国的杂交水稻产量比当地的水稻产量成倍提高。在几内亚，当地水稻的产量只有1.5~2吨/公顷，我国的杂交水稻则达到6~7吨/公顷。

越南曾经是稻米进口大国，1993年起推广我国杂交水稻4万公顷，单产增产40%，当年就增收水稻10万吨。现在，越南杂交水稻种植面积已突破 65 万公顷,是亚洲仅次于泰国的第二大稻米出口国。还有,印度借鉴我国的杂交水稻技术培育出了适应当地气候的新品种,菲律宾在我国专家的指导下,水稻单产提高了 2~3 倍,开始脱离粮食进口国阵营……

美国水稻技术公司通过与我国合作研究,已培育出适合美国气候和消费需求的杂交水稻。目前,美国杂交水稻种植面积已超过全国水稻种植总面积的 30%,杂交水稻比当地水稻品种增产超过 25%。

袁隆平向国外同行介绍杂交水稻的增产情况

到 2020 年,杂交水稻已在全球 50 多个国家进行了试验示范,并在 20 多个国家得到大面积推广,被称为"东方魔稻"。我国先后为来自发展中国家的 14 000 多名农业官员和技术人员开展了杂交水稻技术培训。

在菲律宾、利比里亚、马达加斯加等许多国家,我国还援建了农业技术示范中心,开展杂交水稻的研究和推广,并先后向毛里塔尼亚、加纳等国家派出了700多名农业专家,帮助发展杂交水稻。截止到2020年,杂交水稻在国外的种植面积已超过800万公顷,种植面积最大的印度有200多万公顷。种植杂交水稻比种植当地良种每公顷平均增产2吨以上,可以收到立竿见影的增产效果。所以,杂交水稻让发展中国家找到了粮食增产的途径,为世界粮食安全做出了巨大贡献。

海 水 稻

——让荒滩变良田

绝大多数陆地植物都无法在富含盐碱的土地中生存。如果我们做一个实验,把植物组织浸在一定浓度的盐水里,只要盐水的浓度超过细胞液的浓度,植物就会因失水而发生萎蔫,时间一长细胞就会死亡。

一般植物在土壤含盐量为0.5%以下才能正常生存,如果超过1%,绝大多数农作物就难以存活。但有少数植物通过长期的演化适应了这种高盐环境,能够在盐碱地里生长。

那么,盐碱地里的植物是怎样"忍受"盐碱化土壤的呢?根据研究,人们发现它们在抵抗盐碱时有以下几种方式:

胡杨、柽柳被称为泌盐植物。它们的茎叶密布着盐腺,会冒出一颗颗液珠,把盐碱地中吸收的过多盐分排出体外,等水分干了,茎叶表面就形成了一簇一簇的盐碱结晶,风一吹便纷纷散落下来。

胡杨

　　碱蓬、盐角草被称为忍盐植物。它们能把根吸收进来的盐分排到细胞内的盐泡里,防止盐分再回到原生质影响正常的代谢活动。盐角草能在含盐量高达 6.5% 高浓度潮湿盐沼中正常生长,是盐生植物中的佼佼者。

　　长冰草、海蒿被称为拒盐植物。它们的根部细胞中积累有大量的可溶性糖类物质,使细胞内的渗透压增大,可不吸收或吸收很少盐分,将盐分拒之门外,同时又不影响根系正常吸水,所以植物本身不会受到盐碱的侵害。

　　我国国土辽阔,境内有大约 15 亿亩盐碱地,这些盐碱地多数都处于荒废状态,盐碱化严重的地区甚至演变成了寸草不生的荒漠。每当大风天气,地面的尘土就会随风而起,遮天蔽日,这也是沙尘暴形成的原因之一。

柽柳

胡杨叶片背面的盐腺

盐角草

海水稻并不是在海水里生长的水稻,而是耐盐碱水稻的俗称。广东海洋大学的陈日胜教授是我国研究海水稻第一人,被称为"海水稻之父"。

1986年11月的一天,陈日胜跟随老师罗文列教授到广东遂溪县的海滩调查红树林资源。在穿过一片芦苇荡时,陈日胜发现了一株高约1.6米,长得像芦苇却又结着稻穗的野生稻。穗子的顶上长着一簇约3厘米长的芒刺,剥开稻壳,里面是类似麦粒的红颜色的稻谷。陈日胜在罗教授的建议下,将这株野生稻的种子仔细地采集了下来,一共522粒,这就是今天海水稻的野生祖先。

在盐碱地里种水稻,曾被许多人不看好。因为盐碱地里连杂草都难以生长,种庄稼更是天方夜谭。要不然,那么多撂荒的盐碱地不是早就有人种了吗?陈日胜在进行海水稻种植试验时,曾经被当地的农民当作笑谈,一些好心的农民甚至专门跑过去劝他不要浪费金钱和精力。

就是在这种情况下,陈日胜开始了海水稻的育种研究工作。可是,他最初得到的海水稻种子花期不同,不能同步抽穗,没有推广价值。经过年复一年地择优汰劣,直到1991年,陈日胜才从10个优良株系中获得了3.8千克有推广价值的稻种。因为海水稻的研究始于1986年,于是他将这个海水稻新品种命名为"海稻86"。在接近30年的时间里,陈日胜为了获取有推广价值的海水稻,散尽家资也在所不惜。渐渐地,知道海水稻的人越来越多,支持的力量也逐渐强大了起来。

2013年10月,由中科院、农业部等单位召开了"海稻86"现场考察会,经过中科院院士谢华安为组长的专家团队检验,认为"海稻86"是一种特异的水稻种质资源,有重要的科研价值和应用价值,建议国家尽快对海水稻开展系统性的研究。

袁隆平注意到海水稻之后,也意识到了海水稻的广阔前景,他认为推广海水稻也是实现我国粮食自给自足的重要途径之一。于是在2014年10月29日,他给科技部万钢部长写信,请求对海水稻立项资助。

2016年10月,国家级研发平台"青岛海水稻研究发展中心"正式宣布成立,袁隆平担任主任和首席科学家。在谈到海水稻的前景时,袁隆平说:"我国能够改造成农田的盐碱地大约有3亿亩。如果以推广1亿亩海水稻计算,假设每亩生产稻谷300千克,就可以解决8000万人的口粮。"

借助高水平的科研团队,青岛海水稻研究发展中心主要在海水稻的高产上下功夫。

2018年,袁隆平海水稻科研团队试种的80多个水稻品种分批成熟,经过专家鉴定,这些水稻新品种的产量超出全世界水稻4.539吨/公顷的平均产量。

2020年,耐盐碱品种"超优千号"在江苏如东栟茶方凌垦区进行测产,3块各约1亩的稻田平均亩产达到了802.9千克,创下了盐碱地水稻的高产新纪录。

此外,袁隆平海水稻科研团队还培育出了高原寒地海水稻并在青海试种成功。

袁隆平海水稻科研团队正在通过科技的力量,努力打造"盐碱地改良+海水稻种植+数字化农业"新农业生产模式。"中国人的饭碗要牢牢地端在自己手中",这是袁隆平念念不忘的话语,也是他认为自己应该对国家担负的责任。

辉煌的成就，做人的楷模

当不当官，是个问题

拖累科研的官不当

从1966年开始研究，到1975年突破三系法制种技术，杂交水稻已经正式宣告培育成功。1975年的冬天，国务院决定大面积推广杂交水稻，次年即在全国范围定点示范种植208万亩。1978年后，杂交水稻在全国迅速铺开，当年就推广到了6400万亩，到了1983年，杂交水稻种植面积突破1亿亩。不仅如此，经过广大技术人员手把手的指导，广大农民也从种植杂交水稻上得到了真正的实惠。随着联产承包责任制的实行，三系法杂交水稻成了一项进入千家万户的成熟技术。

随着杂交水稻的推广应用，袁隆平作为三系法杂交水稻的主要发明人，声望也越来越高，荣誉与地位开始向他涌来。1978年2月，他被推选为第五届全国人民代表大会代表；3月在全国科学大会上获得杂交水稻研究项目奖和科研人员个人奖；6月被评选为湖南省先进教育工作者；10月出席湖南省科学大会，获集体与个人发明奖；随后，他被正式调入湖南省农科院,并被破格晋升为研究员。1979年,又先后当选为农业部科学技术委员会委员、中国作物学会副理事长、中国遗传学会理事和湖南生物学会理事、湖南遗传育种学会副理事长、湖南农学会理事。

随着"四人帮"的垮台,"十年动乱"结束了。党的知识分子政策也开始在袁隆平身上得到落实和体现。中共湖南省委组织部的一位领导同志甚至亲自找上门来动员他入党。一系列迹象表明,除了前面提到的他所获得的那些荣誉之外,还有一个领导位子正虚位以待。

在"文革"期间,他顶多不过是一名可以教育、可以改造、可以利用的"黑五类分子"的子女。之所以没被批判和打倒,也是因为他有培育杂交水稻的一技之长。虽然多年来他始终不分昼夜地在试验田里搞科研,却从来没机会评先进、当劳模,更不要说什么入团、入党、从政当官了。而现在,党和国家真正地开始尊重科学,尊重知识,尊重人才,不分门第,唯才是举了。

原来湖南省委组织部的领导打算让他担任省农科院院长。

在我国,公职人员的政治和物质待遇是按干部级别来分配的。有了比较高的干部级别,不仅可以在用车、配秘书、配服务员等方面享受一定待遇,还能调动更多的物资和资金(比如科研经费)。如果袁隆平只是一名普通的研究员,在研究杂交水稻工作上就难以调动众多的科研人员,统筹使用大笔的科研经费。所以,让他担任湖南省农科院院长也是为了更好地开展杂交水稻研究事业。

然而,对于袁隆平来说,这却是一个使他颇为踌躇的问题。虽然担任领导工作有很多好处,甚至也能给自己的科研争取更多的经费,调动更多的人才。但是一旦当上领导,牵扯精力的事情太多了,他担心又要做领导,又要搞科研,哪个也做不好。如果做领导和搞科研两个里面让他挑一个,他还是愿意搞科研。他希望保有行动的自由,并且有更多创造科研新成果的时间和机会。因为他心里清楚,搞科研自己是内行,是专家;做领导自己就是外行,作为一个年届五十的人来说,去学习怎样做领导,他觉得自己确实不合适。他觉得与其让他去学习怎样做领导,还不如让他继续从事自己喜爱的杂交水稻研究。

从杂交水稻研究状况来看,目前的三系法杂交水稻可以增产20%,也将很快在全国推广,但他并不满足于这些成绩。自打从杂交水稻正式投产的第一天起,他就公开指出当前的三系法杂交水稻还存在着"三个有余,三个不足"的缺陷,即前劲有余,后劲不足;分蘖有余,成穗不足;穗大有余,结实不足。因此,袁隆平指出,三系法杂交水稻还不完善,有很多地方需要改进,我们只有通过技术创新,让杂交水稻的育种从三系法到两系法,再到一系法,才能让育种程序从繁到简,让育种成本从高到低,让稻谷产量持续增加,让稻米品质更加优良。此外,袁隆平认为,杂交水稻仅仅在我国大面积推广是不够的,我们还要让它走向世界,为世界的粮食增产做出贡献。

考虑到这些方方面面的工作,袁隆平最后真诚地对领导说:"领导同志,谢谢组织上对我的关怀。我这些年一直在搞科研,当领导我不在行,省农科院那么大的摊子我实在是忙不过来啊。我自己的性格我非常清楚,我还想踏踏实实地继续研究杂交水稻。实质性的领导我是一定不当的。但既然组织这样关心我,从接受组织安排的角度出发,我就当个名誉职务吧。"

组织部的领导听到袁隆平的肺腑之言,也感动地说:"袁老师,党的知识分子政策的本意就是让广大知识分子在一个舒适称心的环境里工作生活,您愿意全力搞科研我们支持您,也尊重您的选择。有什么困难您只管开口,我们会对您的科研工作积极提供保障性的服务。"

有利科研的官要当

湖南省杂交水稻协作攻关工作原来一直是由省农科院水稻研究所负责组织实施的。随着杂交水稻研究事业的深入发展,有必要设立一个全国性的专门机构来加强和协调杂交水稻的研究工作,以保持我国在杂交水稻研究领域的领先地位,并把研究引向深入。在中央有关部门和湖南省委、省政府的支持下,袁隆平主持了湖南杂交水稻研究中心的筹备和组建工作。

建立于1984年6月的湖南杂交水稻研究中心,位于湖南长沙市芙蓉区马坡岭,是国内外第一家专门从事杂交水稻研究的科研机构。这个科研机构就是袁隆平倡议建设的,他还亲自担任研究中心的主任一职。这个职务他非常乐于担当,因为在这里,他可以带领杂交水稻研究人员攻克一个又一个难关。1995年,在湖南杂交水稻研究中心的基础上建立了国家杂交水稻工程技术研究中心(以下简称"研究中心"),袁隆平继续担任中心主任。从找到雄性不育株以来,杂交水稻研究走过了30年不寻常的探索道路,从袁隆平一个人的自发行动,终于到现在建立起了一个立足湖南、辐射全国乃至世界的专门研究机构。

现在的研究中心是一个门类齐全的研究机构,设有科研处、产业发展处、国际合作处、科研试验基地管理处、党政联合办公室、人事处、计财处、后勤管理处、工会与群团处、院士办公室等处(室)。在科研处下还设有育种研究室、栽培研究室、分子育种研究室和检测实验室等。

研究中心人才济济,在职职工142人中,有院士1人,具高级技术职称人员约60人,拥有博士学位人员30多人。研究中心还建设了杂交水稻国家重点实验室、水稻国家工程实验室(长沙)、湖南省杂交水稻分子育种重点实验室、杂交水稻国际科技合作基地、联合国粮农组织(FAO)杂交水稻研究培训参考中心等一批研发平台。

由于研究中心强大的科研实力,他们主持承担了国家攻关计划、"863"计划、"973"计划、科技支撑计划和国家自然科学基金等国家重大项目、总理基金项目以及农业部转基因专项计划等多项省部级科研项目。已取得科研成果100多项,其中育成杂交水稻组合及骨干亲本100个,多个产生了巨大的社会和经济效益。研究中心还获得了大量的奖励,比如,获国家科学技术进步奖和发明奖13项(特等奖1项、创新团队奖1项、一等奖2项、二等奖3项、三等奖6项)、省部级科技进步和发明奖励60多项。科技人员不但在实践上成绩卓著,在研究文章上也成果斐然,他们在国内外公开发表论文1000余篇,出版杂交水稻中、英文著作30多部。编辑出版的《杂交水稻》专业期刊在国内外有较大影响。

在袁隆平的领导下,研究中心俨然成为国内外杂交水稻研究技术交流的大舞台。研究中心的国际交往频繁,成功举办了400多期杂交水稻技术国际培训班,主持召开了8次国际学术讨论会;有13名专家被联合国粮农组织聘请为技术顾问,其中袁隆平为首席顾问;与国际水稻研究所等国际组织和美国等国家的一些机构建立了长期的研发合作关系;各种政府级及学术类国际交往十分频繁。

辉煌的成就，做人的楷模

袁隆平主持第二届隆平论坛

袁隆平在研究生毕业典礼上

桃李不言,下自成蹊

李必湖和尹华奇

在19年的教学生涯当中,在接近60年的科研路上,袁隆平不知培养了多少育种方面的人才。

袁隆平知道,要搞好育种工作,专业人才是多多益善。身边没有合适的技术人才,他就在教学实践中选拔和培养。早在20世纪60年代初期,当水稻的雄性不育性研究还刚刚起步的时候,他就从安江农校毕业的学生中挑选了李必湖与尹华奇两名学生当助手。

当时,安江农校特招了一批两年制的"社来社去"定向分配学员,毕业后不参加正式分配,从哪里来回到哪里去。尹华奇是其中的一名。那年尹华奇23岁,比同届的中专生年龄稍大。他学习特别勤奋,除课堂认真听讲、努力学好课本知识外,还喜欢参加课外的各种试验。他对袁隆平搞的杂交水稻研究非常感兴趣,就自告奋勇给袁隆平当助手。他手脚勤快,做事认真,学习劲头足,深得袁隆平的喜爱。

他跟袁隆平做盆栽水稻试验,还引起了一名叫李必湖的学生的注意。

李必湖也是"社来社去"学员,比尹华奇小两岁。他好奇地跑来打听,问袁隆平天天搞的这些盆盆罐罐的试验到底有什么用处。尹华奇告诉他,这些试验目前还看不出有啥特别的用处。不过,袁老师写的论文刊登在中科院的刊物上,那这些试验一定是有大用处的。李必湖听后,心里佩服极了。他也想参加这个试验。但他不是袁隆平直接教的学生,担心袁隆平不肯收他。他大着胆子跟袁隆平讲了自己的想法。袁隆平说:"做这个试验很辛苦,也不能多拿工资,吃苦又吃亏,你怕不怕?"李必湖也是农村孩子,不怕苦,不怕累,任劳任怨,袁隆平高兴地收下他当助手。从这以后,袁隆平不再是单枪匹马地研究杂交水稻了。无论是盆盆罐罐之间,还是田间地头,都成了袁隆平带着两个助手探索杂交水稻奥秘的大课堂。

在"文革"的混乱时期,把学文化、学知识、搞科研视为"走资产阶级白专道路",袁隆平也被当作"反动知识分子""臭老九"加以批判。他不但自己顶住压力,坚持科研和学习,还手把手地辅导两个助手,让他们走"又红又专"的道路。他常常用《中庸》里的一句话来鼓励两个徒弟好好学习。这句话是:"人一能之,己百之;人十能之,己千之。果能此道矣,虽愚必明,虽柔必强。"这段话的意思是:别人学一次就会了,我还不会,就学他一百次;别人学十次就会了,我还不会,就学他一千次。如果真能照这样子去做,即使再愚笨的人,也会变得聪明,即使再柔弱的人也会变得坚强。

为了帮助助手学好英语,他挤出晚上时间给他们上辅导课,持之以恒,从不间断。有一次,袁隆平的爱人邓则患急病,他与尹华奇送她去怀化看病并住进了医院,当晚赶回安江农校后,尹华奇考虑到老师辛苦大半夜了,就劝老师早点休息,可袁隆平仍然坚持给他补了一个小时的英语课才去休息。袁隆平对尹华奇说:"学习要有长劲,贵在坚持。如果三天打鱼,两天晒网,外语是无法学好的!"为了让自己的助手获得更深的理论知识,袁隆平在20世纪70年代初就将李必湖、尹华奇分别送进农业大学学习深造。等他们毕业之后,重返育种和教学岗位。后来在美国推广杂交水稻的时候,他俩还多次被派到美国传授杂交水稻育种技术。后来,两人都被提升为研究员,成为我国杂交水稻方面的资深专家。

尹华奇在三系法杂交水稻和两系法杂交水稻的育种工作中,一直是袁隆平手下的得力干将。特别是他1998年选育出的香型两系法不育系——"香125S",是一个非常优秀的不育系品种。利用"香125S"与其他优良品种杂交获得的杂交早稻"香两优68",具有优质、高产、中熟的优点,先后在湖南、安徽、广西等省(自治区)推广种植,经济效益比较突出,深受稻农喜爱。

李必湖也是袁隆平的重要助手,1970年他与冯克珊在海南岛发现野生稻雄性不育株"野败",让三系法杂交水稻研究结束了多年徘徊不前的局面,使籼型杂交水稻的培育最终获得成功;1973年,在袁隆平的指导下,培育出了世界上第一个强优势杂交水稻;1981年,因培育籼型杂交水稻获得我国第一个国家发明奖特等奖(排名第二);1988年他指导助手育成"安农S-1",为两系法杂交水稻研究奠定基础;指导助手育成一系列高产、高抗、优质的三系法或两系法杂交水稻新组合,累计在全国推广26亿亩,增产稻谷2500多亿千克;1989年,李必湖被评为全国先进工作者。在学术方面,李必湖的论文《我们是怎样研究杂交水稻的》《双季杂交稻组合配套栽培》在杂交水稻学界有很大的影响。

罗孝和

袁隆平在选拔人才上,从来都是唯才是举,不看门第,不看出身。他说:"司马迁写的《魏公子列传》,完全可以当作一部人才学来研究,其中的一些观念非常超前。司马迁笔下的魏公子,仁而下士,因此来投奔他的人很多。他主张,人无论贵贱、尊卑、贫富,也无论长幼,只要有本事,就可以为同一事业共同奋斗。他将看大门的、杀猪的与富豪共同组成一个无坚不摧的战斗群体。魏公子特别看中个人能力,而不看官衔。比如,侯嬴是看大门的小吏,朱亥是杀猪的屠夫。这些人都是普普通通的老百姓,可他们又都有某一方面的特殊才能,事情在他们手下能够办成功,这就是人才。"

袁隆平的得力助手罗孝和说:"袁先生在科研事业中,没有门户之见,从来都是搞'五湖四海',我便是他搞'五湖四海'的受益者之一。"

袁隆平每当提到罗孝和,都是赞不绝口。他称赞罗孝和在科研中态度谦虚,是两系杂交稻研究的先锋和主将,是有大智慧的人。他说,小智慧是狂傲的,而大智慧却是谦逊的。要干成一番事业,需要极清醒的头脑、极坚韧的自制力和极淡泊的心境。

罗孝和也是一名农家子弟,深知种田的不易。从小他就在田间地头忙碌,跟着父亲学会了种植水稻。播种、插秧、中耕、施肥、收获等环节他都轻车熟路。他凭借自己吃苦耐劳、扎实肯干和刻苦钻研的精神攻克了育种工作中的一个又一个难题,取得了令人瞩目的成绩。

早在20世纪70年代,罗孝和在培育"三超稻"时,只增产稻草不增产稻谷的经历让他体验到了人情冷暖,也培养了他百折不挠的坚强意志。

在袁隆平的指导和帮助下,他静下心来分析试验的得失,最后采用更换亲本组合的办法培育出了两个高产新品种"威优 6 号"和"汕优 6 号"。这两个新品种抗性好、生长周期短、杂交优势显著,很快通过了国家验收,成为最早推向全国的三系法杂交水稻。

与此同时,罗孝和还协助袁隆平育成粳稻不育系——"黎明",培育出适于辽宁地区栽培的粳稻新品种"黎优 57",这一新品种在 20 世纪 80 年代就推广种植了数百万亩,罗孝和因此荣获湖南省科技进步奖。1981 年,他也因籼型杂交稻荣获国家发明奖特等奖。

20 世纪 80 年代,罗孝和开始协助袁隆平进行两系法杂交水稻的研究。两系法与三系法杂交水稻相比,具有配组自由、种子生产程序简化、产量高、米质优等特点,但技术难度很大。这项研究于 1987 年被列入"863"计划。全国 10 多个省(自治区)的科研人员在海南岛南红育种基地协作攻关。在培育两系法杂交水稻的工作中,罗孝和一直是袁隆平手下的中坚力量,他不分昼夜地守在稻田里观察稻秧的细微变化,探索新的试验方案,指导技术人员操作。

罗孝和主持培育成了全国第一个实用的两用核不育系"培矮 64S",它是在全国范围内应用最广、推广面积最大的两用核不育系。"培矮 64S"育性稳定,为两系法杂交水稻的培育成功铺平了道路。不久,"培矮 64S"被全国 10 多个省(自治区)用来配制强优组合,并成为全国应用面积最大的两用核不育系。矮 64S 系列组合累计种植面积 1 亿多亩,新增产值 100 多亿元。

罗孝和还发明了冷水串灌繁殖低温敏不育系技术,从根本上解决了低温敏不育系繁殖产量低的难题,使杂交水稻的制种成本大大降低,也给广大农民带来了实惠。

鉴于罗孝和在杂交水稻事业上的突出成绩,袁隆平在自己荣获首届国家最高科学技术奖之后,积极推荐罗孝和申报国家科学技术进步奖一等奖。袁隆平称罗孝和是"杂交水稻事业的功臣,三系法的主将,两系法的元勋"。

由于袁隆平的鼎力举荐,罗孝和荣获2001年国家科学技术进步奖一等奖。

只要对科研有利,我都会尽力

在科研问题上,袁隆平不仅对身边的学生和同行倾力相助,即使是素不相识、毫不相关的人,他也会尽力帮助。当时湖南省溆浦县有一名女青年,高考落榜后回家自己创业。她在自家的果园里尝试改良桃树的新技术。因为缺乏专业知识,又没有人指导,走了许多弯路。她看到电视上报道袁隆平的消息之后,就给袁隆平写信求教。袁隆平看了她的信之后,认为她改良桃树的思路很好,只是缺乏一些必要的技术指导,就热情地写信告诉她试验中存在的问题以及解决办法。后来这名女青年在袁隆平的指导下,终于培育出了个儿大、味儿甜、口感好的新品种,被当地誉为"天下第一桃"。

湖南杂交水稻研究中心成立后,袁隆平不仅亲自担任硕士生和博士生导师,还利用自己在国际上的名望,积极争取学生出国深造的机会。他从美国洛克菲勒基金会申请到了几个全额奖学金名额。自1988年派出自己的硕士生谢放鸣开始,又相继派出肖金华、李继明、李新奇、符习勤等多名硕士生出国留学。这些学生有的去了美国,有的去了澳大利亚,在国外先进的实验条件下向国际一流大师学习。学成之后,这些学生都成为国际水稻研究中的技术骨干。

这些学生毕业之后有些回国,也有些留在美国从事杂交水稻研究。有人对他说:"你好不容易培养了这些人,又帮他们申请了奖学金,结果学成之后一去不回还,你的心血算是白费了。"袁隆平却不这么看,他说:"中国杂交水稻事业要保持世界领先的水平,就需要大量超过我的人才。要培养出大量超过我的人才,就要让他们走出去,博采各家之长,学习世界上最先进的技术。如果都把他们窝在我的手下,受着我的思想束缚,怎么能培养出超过我的人才呢?"

设奖励基金,养育后昆

为培养人才,鼓励后生,袁隆平深谋远虑,设计了一个以基金作支撑,培养人才、鼓励创新的长远方案。1987年,他获得联合国教科文组织科学奖时,就把1.5万美元的奖金全部捐出,设立了"袁隆平杂交水稻奖励基金会"。在1994年6月的首次颁奖会上,赵石英、陈洪新等42名对杂交水稻做出贡献的人士获奖。通过这次表彰奖励,激励和推动了杂交水稻事业的发展。此后他又陆续将自己获得的"世界粮食奖"奖金等各种奖金全部捐出来,累计达200多万元。1996年,在湖南省委、省政府及社会各界的支持下,基金会更名为"湖南省袁隆平农业科技奖励基金会",到2020年底,募集资金3000多万元。基金会采取存本用息的办法,每两年评选、奖励一次。

该基金会虽然是湖南省政府支持的,但在评奖时没有门户之见。只要是全国甚至全球为农业科技的研究和发展做出杰出贡献的单位和个人,都可以获奖。通过奖励培养和调动了很多农业科技人员的积极性。

到 2020 年,袁隆平农业科技奖已颁发了 11 次。

第一次颁奖:1994 年 6 月 15 日,即中国杂交水稻研究 30 周年,也是湖南杂交水稻研究中心成立 10 周年,结合基金会颁奖,在长沙隆重举行"三项"庆典活动。这次高规格的颁奖活动,邀请了国家有关部委领导、各省(区、市)著名专家学者共 120 余人参加,面向全国奖励了在杂交水稻开创的艰难年代支持杂交水稻推广的有功之臣 42 名。虽然每人只有 3000 元奖金,但获奖者都很高兴,说袁老师没忘他们这些同一战壕的战友。袁隆平也从心里感谢这些在艰难岁月里给他帮助的人,说"没有他们,我的研究就只是阳台上的花"。袁隆平给获奖者颁发奖牌、证书、奖金。袁隆平的无私奉献精神得到了各界的高度称赞,大家一致要求进一步扩大基金来源,加大奖励力度,以扩大该基金会的社会影响。

第二次颁奖:是更名以后的"湖南省袁隆平农业科技奖励基金会"所设立的袁隆平农业科技奖,于 1998 年首次开评,同年 10 月 15 日宣布评审结果,1999 年 9 月 7 日在长沙颁奖。罗孝和、黄培劲、官春云、李罗斌、周新安获首届袁隆平农业科技奖;陈洪新获首届袁隆平农业科技特别奖。

第三次颁奖:2002 年 1 月 18 日在湖南杂交水稻研究中心举行第二届袁隆平农业科技奖颁奖大会。在 2001 年,超级杂交水稻累计种植面积达到 120 万公顷,单产达到 9.5 吨/公顷。所以,这次表彰的是 2000—2001 年在超级杂交水稻示范工作中取得显著成绩并经国家级或省级验收达标的单位。获奖单位共 13 个。一等奖 4 个,奖金各 3 万元;二等奖 9 个,奖金各 2 万元。在表彰会上,袁隆平勉励大家继续努力,争取超级杂交水稻第二期目标(单产 12 吨/公顷)早日实现。

第四次颁奖：2004年9月8日在长沙举行第三届袁隆平农业科技奖颁奖大会。这次表彰的是在杂交水稻研究、推广中做出巨大贡献的科技人员。获奖者为李必湖、冯克珊、颜龙安、谢华安、邹江石5人，每人获奖金5万元。李必湖、冯克珊在海南寻找野生稻不育株的时候，发现了"野败"，使杂交水稻研究结束了多年徘徊不前的局面。颜龙安选育出的不育系在全国应用时间最长、推广面积最广，为杂交水稻的推广做出了重大贡献。谢华安培育出杂交水稻强优组合"汕优63"，到2001年累计推广6300万公顷，增产粮食700亿千克，获国家科学技术进步奖一等奖。邹江石长期从事杂交水稻研究，在袁隆平的指导下培育出了新品种"两优培九"，增产效果显著，是全国推广面积最大的新品种之一。

第五次颁奖：2006年12月19日在湖南杂交水稻研究中心举行第4届袁隆平农业科技奖颁奖大会。这次表彰的是杂交水稻研究与应用领域有突出贡献的人士，共有10人获奖，他们是尹华奇、吕保智、邹国清、罗泽民、周坤炉、郑圣先、骆正鑫、郭名奇、雷纯章、黎垣庆，每人奖金3万元。

第六次颁奖：2008年9月12日在长沙"第五届国际杂交水稻学术讨论会"开幕式上举行，第五届袁隆平农业科技奖获得者为朱英国、杨振玉、杨聚宝、李丁民、李成荃、李铮友、吴让祥、张慧廉、彭兴富、彭惠普、潘熙淦、谢放鸣。每人奖金5万元。这次受表彰的是全国各地在农业科技进步方面有突出成就的人士。

第七次颁奖：2010年9月6日举行了第六届袁隆平农业科技奖颁奖大会。这次表彰的是全国范围内对杂交水稻推广工作有突出贡献的人士。获奖者分别是王沧江、邓启云、杨远柱、肖利民、张明沛、舒友林。

第八次颁奖：2012年12月21日，湖南省超级杂交水稻"种三产四"

丰产工程总结表彰暨第七届袁隆平农业科技奖颁奖大会在长沙隆重召开。在这次表彰会上,宣告超级杂交水稻第三期目标13.5吨/公顷已经实现,准备向第四期目标15吨/公顷发起进攻。这次袁隆平农业科技奖表彰的是从事杂交水稻研究与推广的科技人员、对杂交水稻推广做出贡献的政府官员和企业家。共有6人获得袁隆平农业科技奖,每人奖金5万元。获奖者有许世觉、张振华、张秀宽、黄桂荪、蒋碧娟、廖翠猛。

第九次颁奖:2014年9月15日,在长沙召开了第八届袁隆平农业科技奖颁奖大会,有5人获得本届袁隆平农业科技奖,每人奖金10万元。获奖者分别是:朱运昌、李文友、青先国、曹兵和谢长江。

第十次颁奖:2016年11月24日,在长沙举行了第九届袁隆平农业科技奖颁奖大会。本次颁奖主要奖励长期以来为杂交水稻事业,特别是在超级杂交稻高产攻关示范中做出突出贡献的单位和集体。国家杂交水稻工程技术研究中心高原育繁示范中心、"河北省硅谷农业科学研究院超优千号百亩攻关"项目组、广东"华南超级稻年亩产三千斤绿色高效模式攻关"项目组、湖北蕲春县"南方一季加再生稻百亩片超高产模式攻关"项目组、广西"灌阳县超级杂交稻超高产攻关"项目组、山东莒南"北方高纬度超级杂交稻百亩高产攻关"项目组、湖南隆回县羊古坳镇"超级杂交稻高产攻关示范"项目组、湖南广播电视台新闻中心新闻联播采访组等8个单位和集体获奖。

第十一次颁奖:2018年9月7日,在长沙举行了第十届袁隆平农业科技奖颁奖仪式。池桥宏、伊希·库玛、褚启人、刘爱民、宋福如、郭守斌等六名国内外专家获奖。这次颁奖立足中国,着眼全球,奖励了对杂交水稻事业有突出贡献的人士,使袁隆平农业科技奖成为一项国际大奖。

第十二次颁奖：2020年11月13日，在长沙举行了第十一届袁隆平农业科技奖表彰大会，26名国内外专家及1个团体获此奖项。袁隆平为获奖单位和个人颁发了获奖证书与10万元奖金。他在讲话中谈到，第三代杂交水稻（超级稻）亩产1500千克目标已经在湖南率先实现，海水稻工程已在江苏实现了亩产800千克的目标。他说，推广超级稻、海水稻，增产的粮食可以分别多养活1亿人口。

袁隆平被聘为美国水稻技术公司的顾问，每年有1.5万美元的顾问费。他把这笔钱也拿出来，设立杂交水稻研究所"所长基金"，专门资助前景广阔、经费有困难的年轻技术人员。每年都有几个课题获得2万～5万元的资助。湖南农科院水稻研究所有一名青年科技人员，连续3年获得3万元资助，为他开启自己的研究工作提供了关键的资金。福建农业大学的一名博士后，积极进行多倍体水稻育种研究，却苦于经费不足，无法施展。他抱着试试看的心情给袁隆平写信，袁隆平在详细了解了他的试验之后大力支持，拨出专款资助，并多次给予关照和支持。

"杂交水稻之父"殊荣的由来

国际水稻研究所位于菲律宾首都马尼拉市远郊的洛斯巴洛斯镇。1979年4月，研究所召开有关杂交水稻研究的国际学术会议。袁隆平作为一名在杂交水稻研究方面有突出贡献的专家也应邀前往。

这次会议有20多个国家的200多名科学家参加，可以说是全球研究杂交水稻的群英会。应邀前往的我国水稻专家共4人，袁隆平和林世成

(国际水稻研究所理事)被邀请在会议上宣读论文。由于是第一次出席国际会议,袁隆平有些兴奋,也有些紧张。他知道在会上宣读论文要用英语,虽然自己的英语水平很过硬,但毕竟没有在这样的场合和外国学者交流过,他担心自己的英语是不是标准,自己用英语讲话,这些外国学者能不能听得懂。还有,解答学术论文需要很多专业术语,为了使自己的英语听起来更"专业",他特地买了英语磁带,每天都专门挤出时间听一听,遇到疑难就查词典,进行强化训练。

会议采取两人一组的模式,一人宣读论文,另一人解答。和袁隆平同一组的是林世成,他负责宣读论文,袁隆平负责解答。从某种程度上来说,解答问题更难,因为事先不知道台下听众会提出什么样的刁钻问题,何况大家都是专家,每个人都有自己独到的见解,对谁会提出什么样的问题更是难以预料。

轮到我国专家宣读论文和回答提问了。在林世成宣读完论文后,袁隆平开始回答现场提问。一名外国专家问道:"我听说中国杂交水稻制种的异交率高,是通过什么措施提高异交率的?"他准确地理解了对方的提问,并用英语清楚地回答:"首先,我们通过割叶的办法,消除传播花粉的障碍;其次,我们还要进行人工辅助授粉。"还有专家问道:"请问什么叫赶粉?"袁隆平解释说,赶粉就是一个人拿着一根竹竿,让竹竿横着在水稻上推过去,或者两个人牵着长绳,通过让水稻父本摇摆的方式增加其花粉释放的效率。

与会的外国专家感到这办法简单易行。显然这方法是通过多年的摸索总结出来的。看来中国的杂交水稻专家真是实践的高手啊。

后来又有很多人提出了自己感兴趣的问题,袁隆平一一用英语进行了讲解,他的回答非常精妙,使外国专家大为折服。通过这次会议,各国

改变世界的一粒种子——记杂交水稻之父袁隆平(第二版)

专家惊异地发现,杂交水稻在我国专家的研究下,已经取得了重大的成就,杂交水稻比常规稻品种增产20%。毫无疑问,我国杂交水稻的研究和推广应用水平在世界上是处于领先地位的。

随后不久的1980年10月,袁隆平应邀到国际水稻研究所进行讲学和合作研究。

1982年的秋天,在国际水稻研究所召开的一次学术研讨会上,该所所长斯瓦米纳森博士特意安排了一个时间,他走下讲台,拉着袁隆平的手走向主席台。

这时,投影屏幕上出现了袁隆平的巨幅头像和"杂交水稻之父袁隆平"的英文字幕。来自世界各国的水稻研究专家纷纷起立,热烈鼓掌,以表达对袁隆平的敬意。

斯瓦米纳森在接下来的发言中讲道:"现在,我再郑重地介绍一下这位杰出的中国科学家、我们国际水稻研究所的特邀客座研究员——袁隆平先生!我们把他称为'杂交水稻之父',他是当之无愧的。他在杂交水稻方面的成就不仅是中国的骄傲,也是全世界的骄傲。他用自己辛勤的工作给世界粮食安全带来了希望,也给世界各地的农民带来了福音。"

这一安排是袁隆平始料未及的,不过他很快反应过来,向与会的同行们挥手致谢,并谦逊地表示自己只是做了一点点工作,希望以后与各位同行多交流,多学习。

菲律宾的各大报纸在显要的位置刊登了这条消息。从此,这个"杂交水稻之父"的称号日益远播,袁隆平很快成了国际上的名人。

让杂交水稻走向世界

——签订第一个对外技术转让合同

1979年1月1日,中美两国正式建立外交关系,两国之间的经济、文化交流也日益频繁起来。

1979年5月,美国圆环种子公司总经理威尔其先生应邀访华,我国农业部种子公司送给他1.5千克杂交稻种,共3个组合,每个组合0.5千克。威尔其带回去进行小区试种,稻种表现出明显的优势:与美国当地的水稻良种比较,增产33%～93%。

1979年12月,威尔其怀着对杂交水稻浓厚的兴趣,再次来华。他询问我国农业部官员是谁研发了杂交水稻,他想与这个人探讨一下有偿转让技术专利的问题。由于当时我国的知识产权工作还不完善,虽然发明人是袁隆平,但产权还是属于国家的。所以我国农业部的官员告诉他,这项专利属于农业部种子公司。要探讨杂交水稻技术转让问题,只需和农业部种子公司商量,无须再找"别人"……后来,圆环种子公司与我国农业部种子公司经过多次谈判,双方于1980年1月达成了专利转让协议,由圆环种子公司先付给我国20万美元的首期技术转让费,以后每年再从种子销售收入中拿出6%付给我国,我国派出水稻专家到美国去传授制种技术;在美国培育出的杂交水稻种子除了在美国销售之外,还将销往巴西、埃及、西班牙等国。合同期为20年。水稻专家在美工作期间,由美方支付工资,直到美国科技人员熟练掌握该技术为止……

以袁隆平为核心的第一批杂交水稻制种专家很快出发了。1980年5月9日,袁隆平、湖南省农科院副研究员陈一吾和慈利县良种场场长杜慎余一行3人抵达美国洛杉矶,第二天就去了圆环种子公司的制种基地——加利福尼亚大学农业试验站。

到美国之后,袁隆平不仅手把手地传授培育杂交水稻的技术,还抽出时间和同行进行交流。他曾应加州大学农学院邀请,与教授、研究生们举行座谈,并回答他们提出的问题,又应邀参加全美水稻技术会议。

为了更好地推广杂交水稻,美国西方石油公司(圆环种子公司的母公司)于1981年7月特地到我国来拍摄一部题为《在中华人民共和国的花园里——中国杂交水稻的故事》的彩色纪录片。当摄制组来到我国杂交水稻的发祥地——原湖南省安江农校,拍摄袁隆平选育杂交水稻的过程时,袁隆平既当"演员",又当翻译,给摄制组留下了深刻印象。影片解说词高度赞誉杂交水稻这一科研成果"解决了世界各地人民的吃饭问题"。摄制组组长劳克先生说:"这个影片拿到西方去放映,将会震动西方世界,将会吸引更多的人了解中国。"录音工程师说:"中美建交填平了历史的鸿沟,两国的合作前景是美好的。"该影片除了在美国放映外,1983年7月,日本电视台也在全国范围内进行了播放。当时日本有一本很流行的书——《神奇的水稻的威胁》,书中说道,杂交水稻这一海外传奇给日本农业带来的震撼不亚于一场风暴。

从此,杂交水稻开始走出国门,走向世界。在人类战胜饥饿的斗争中,杂交水稻成了一件非常有力的武器,以致有人把杂交水稻看作中国继指南针、火药、造纸术、印刷术"四大发明"之后,对人类社会做出贡献的第五大发明。

当选两国院士

当选为中国工程院院士

"院士"(在我国,1994年以前称为学部委员,1994年后改称为院士)是学术界给予科学家的最高荣誉称号。

要评上中国科学院院士,必须是在科学技术领域有系统的、开创性的成就的高级科学人才;要评上中国工程院院士,必须是在工程技术方面做出重大的、创造性成就和贡献的专家。两院院士是国家在科学技术方面的最高的、终身的荣誉称号。评选院士有一套统一的标准与严格的程序,要经过推荐、评审、公示等环节,非常严格。

袁隆平被评为中国工程院院士的过程并不顺利。第一次是1991年5月,湖南省人民政府推荐他为中科院生物学学部委员候选人。结果这一年新增了34名生物学部学部委员,袁隆平却没选上。第二次是1993年5月,湖南省人民政府再一次推荐他为中科院生物学学部委员候选人,他还是没有评上。

在推荐袁隆平参评中国科学院生物学学部委员落选的情况下,湖南省委和省政府并没有灰心。在1992年9月15日授予袁隆平"功勋科学家"荣誉称号,同时号召全省人民特别是广大科技工作者向袁隆平学习。

1994年11月,湖南省人民政府推荐袁隆平为中国工程院院士候选人。与此同时,中国作物学会、中国农学会、中国资源委员会等国家一级学会向中国工程院推荐袁隆平。此外,袁隆平培育杂交水稻的事迹也开始被中央电视台等国内主流媒体广泛报道。在1994年国庆节前夕举办的建国45周年新闻图片展《举世瞩目的历史性成就——庆祝中华人民共和国成立45周年》，袁隆平手持稻穗的半身照片排在第15号。照片的说明文字是这样写的："农业是国民经济的基础，必须坚持把加强农业放在首位。高产、优质、高效农业在神州大地大规模兴起，1993年，中国粮食总产量达到4564亿千克，创历史最高水平。图为被誉为'杂交水稻之父'的湖南杂交水稻研究中心主任袁隆平。据统计全国累计推广杂交水稻种植面积已达1.6亿公顷，增产稻谷2400亿千克。"只是这次参评依然落选了。

随着袁隆平声望的提升，让他当院士的呼声也越来越高。终于，在1995年5月，袁隆平第二次参评中国工程院院士时，中国工程院经过认真评选，将袁隆平评为院士。这个众望所归的荣誉，虽然来得迟了一些，还是让支持袁隆平的人们感到格外的高兴，全国各大媒体在第一时间报道了这件事。

袁隆平接到通知之后，心情仍然十分平静，他对身边的工作人员说："评上院士，只不过工资涨了一点，我还是从前的我，并没有因为评上院士和从前有什么不同。"在谈到自己不能被评选为中科院院士一事时，袁隆平谦虚地说："我搞杂交水稻，不是为了评上院士。我没评上说明我的工作还不够条件，说明评选条件很严格，我还要继续努力。"

当选为美国科学院外籍院士

在国际上，由于袁隆平在培育杂交水稻方面的突出成就，对世界粮食安全做出的巨大贡献，他成了世界闻名的大科学家。2005年底，美国国家科学院将"杂交水稻之父"袁隆平评选为外籍院士。美国国家科学院是美国科学界最高荣誉机构,1863年由美国国会立法成立,距今已近160年的历史。随着科学技术在全球政治、经济、军事和外交领域的重要性日益显著,美国国家科学院最后演变成下面三个平行组织:美国国家科学研究委员会(1916年)、美国国家工程院(1964年)、美国国家医学院(1970年)。与我国不同的是,美国国家科学院不是政府机构,而是由社会资助成立的民间、非营利性机构,是科学家的自治性组织,其下不设科学研究机构。

美国国家科学院每年从世界各国评选出在某个领域最杰出的代表、为人类科学事业做出巨大贡献的科学家为外籍院士。在1949年之后,我国也有一些在国际上名望较大的科学家获得美国国家科学院外籍院士称号。比如,著名数学家华罗庚教授在1984年被美国国家科学院授予外籍院士的称号,他是第一个获得这个荣誉称号的我国科学家。此后,我国又有多人当选美国国家科学院外籍院士,如夏鼐、谈家桢、冯德培、周光召、贾兰坡、陈竺、白春礼、袁隆平、张启发、李爱珍、施一公、高福、颜宁等。

2007年4月29日,袁隆平出席美国国家科学院院士年会,在这届年会上,美国国家科学院院长奇切罗内先生一一介绍新当选的院士,并当众宣读他们当选的理由。介绍到袁隆平时,奇切罗内先生说:"袁隆平先生发明的杂交水稻技术,不仅为中国解决粮食问题做出了贡献,也为世界粮食安全做出了贡献。通过推广杂交水稻,每年增产的粮食可以解决7000万人的吃饭问题。"典礼结束时,奇切罗内先生特意走到袁隆平身旁表示祝贺,他说,与会代表在听完袁隆平的当选理由后,鼓掌时间最长,掌声最热烈。美国著名农业经济学家唐·帕尔伯格在他的著作《走向丰衣足食的世界》一书中这样评价袁隆平的工作:"他给那些保守者上了一堂很有价值的课——东方农业科学的成就已经超越其发源地西方各国。"

成立隆平高科

袁隆平是一位具有平民意识的科学家,求真务实是他的本色。他将一生的全部精力都用来培育杂交水稻,对名看得很淡,对金钱也看得很轻。

与此同时,他那巨大的成就和广泛的影响,已经使"袁隆平"这个名字成了一个品牌,一种象征。1998年6月,湖南省四达资产评估事务所在长沙举行的资产评估结果发布会上宣布,经过专家评估,作为无形资产,"袁隆平"名字的品牌价值为1008.9亿元人民币,消息经媒体披露后,在社会上引起了极大震动。

对于这次评估,袁隆平却处之泰然。他说:"我认为人身上最值钱的东西,是这个人脑袋里的知识!像我这么一个糟老头子,1.69米的身高,120斤的体重,连骨头都砸碎了卖掉也值不了几个钱。所以我把资产评估这类事看得很淡。"

在我国,由于知识产权政策执行得较晚,人们的知识产权意识普遍不高。作为袁隆平这样的老一代科研工作者,更是没有通过申请专利从稻种中抽取利润的想法。所以我国的杂交水稻成果基本上是无偿使用的,而种子经营部门却赚了大钱,全国经营杂交水稻种子的公司产值超过千万元的单位不少于5个。在美国,市场经济非常成熟,种子公司每经营一磅常规稻种也要付给科研单位5美分。

袁隆平的一生,始终淡泊名利,不居功自傲,不贪图安逸,不向组织提出任何个人的要求。他对"见利而拼命,干事而惜身"的人很反感,很厌恶。他说:"要那么多钱干什么?有些人连人格也不要了,人活着还有什么意义!"他认为,一个人要把名利看淡一点,就不会为名利所累,就不容易受打击。

在生活上他是十分简朴的。他从来不吃补品,老伴给他买来蜂蜜他也不喝,就爱吃青菜米饭。

毫无疑问,一个人活在这个世界上,是存在某种欲望的,例如食欲、物欲、金钱欲等。然而,袁隆平却能站在道德的高地上,克制了某些欲望。有人曾与袁隆平探讨过这样一个问题:"如果没有了某些欲望,你何所求,又何所为呢?"

袁隆平说:"对于普通人生活的欲望不能一概否定,清教徒的思想也是我们反对的,但我们反对的是那些无节制的私欲。"他还说:"人只有从物欲的泥淖中挣脱出来,才能维护自己的尊严,才能获得真正的自由。"

改革开放以来,很多新事物涌现出来,很多潜在的问题也逐渐暴露出来。在改革大潮的冲击下,杂交水稻事业的一系列问题被提了出来。比如,我国杂交水稻事业该不该走向市场,怎样走向市场?在市场经济条件下,杂交水稻的知识产权怎样保护?袁隆平为什么不申请专利?能不能通过市场为科研筹措经费?

人们总是争论不休。

袁隆平和国家杂交水稻工程技术研究中心的同志们也经常在一起讨论这些问题。

一天,负责杂交水稻推广工作的同志们又争了起来:"……如今各行各业都进入了市场,咱们杂交水稻也该进入市场。""我们之所以研究杂交水稻,是为了使农民受益,不是为了赚钱!"像开了锅似的,大家争论得很激烈。

这次争论虽没有结果,但是袁隆平却从大家的发言中开阔了思路,有了"前卫"意识。

多年的科研经历,让他体会最深的是,没有充足的科研经费是搞不出好的成果的。让杂交水稻走向市场,用市场来筹措科研经费的思路渐渐清晰起来。

在我国,袁隆平可谓是家喻户晓的人物。那些种植水稻的农民知道他,是因为他们种植杂交水稻获得了好收成;那些炒股的股民也知道他,是因为有一个名为"隆平高科"的股票。

袁隆平说,用"隆平高科"给股票命名,自己最初是不同意的。他说:"袁隆平一会儿涨2分,过一会儿又跌了2分,多难看。"后来,他同意用自己的名字上市,是由于"隆平高科"答应提供科研经费。2000年时袁隆平已经70岁了,按照规定他不能再做首席专家了。这样一来课题少了,经费也没了,他拿什么继续研究杂交水稻呢?此外,袁隆平还一直打算让杂交水稻走出国门,造福世界。但水稻是一种地域性较强的农作物,在我国高产,到了外国气候条件不同了,可能就高产不了。为了在国外推广杂交水稻,1998年他在缅甸做了试点,经过联合国粮农组织验收表明,杂交水稻比当地最好的水稻增产1倍。仅这十几亩试验田就花费了50万元的资金,联合国粮农组织要求至少要试验两年,有10个试验点,这就需要1000万元。国外也有很多公司提出与袁隆平合作,但他们都要求分配大部分利润。袁隆平想到,与其大把的钱都让外国人赚了,还不如让国人赚了。也是基于这点,才同意以他的名字命名成立了这个公司。

1999年6月,由湖南省农业科学院、湖南杂交水稻研究中心、袁隆平院士共同发起的袁隆平农业高科技股份有限公司成立了。这是我国第一个以科研单位为依托的农业高科技股份有限公司,成立之初注册资本为1.05亿元。

袁隆平为公司的名誉董事长和股东,由于公司以科研单位为依托,拥有先进的研发队伍,在杂交水稻、杂交辣椒、杂交玉米、优质西甜瓜等农作物新品种选育方面有非常强的科研实力。2001年,公司又经国家批准成立了博士后科研工作站,公司的科研能力进一步提升。

2000年12月11日,"隆平高科"在深圳证券交易所挂牌上市。"隆平高科"股票发行价为12.98元,当日开盘价为27.89元,收盘价为40.37元。袁隆平作为该公司的股东,拥有250万股。有细心的人给他算了一笔账:按隆平高科当天的收盘价计算,袁隆平的个人资产已经突破1亿元,所以人们称他为"亿万富翁"。听到这种说法,他淡淡地一笑说:"我获得的收益将来还要用在杂交水稻上,我只不过是一个过路财神,账面上的钱再多,我也不会装到自己兜里。"

经济增长不仅仅是GDP数量的放大,也是产业结构升级的过程。在经济的知识含量日益提高甚至成为竞争的决定性因素的条件下,"科学技术是第一生产力"已成为共识,资本只有依靠"知本"才能实现其商业价值。武汉大学的张廷璧教授就是在这样的历史背景下成为新闻人物的:

1992年,邓小平南方谈话中提道:发展高新技术,促进产业化。国内大批知识分子"下海"创业,在武汉大学生命科学学院任教的54岁的张廷璧抓住了这个机遇。

他根据自己的研究课题想到了一个思路——从天然植物中提取卟啉铁生产补血剂。

他的构想得到了一些创业者的支持,经过两年努力,终于成功生产出"红桃K生血剂"。到1997年,"红桃K生血剂"销量达到顶峰,销售额达15亿元,红桃K集团成为武汉最大的民营企业。张廷璧以技术入股企业,率先成为拥有亿元资产的科学家。

"大学积累多年的科研成果,在市场经济条件下迅速转化成了生产力。"张廷璧分析,知识型产业需要大量投资,他们在创业之初得到政府的大力支持,解决了投资的后顾之忧,使得科技成果很快得以转化,这是他们创业成功最主要的原因。

关于科技人员应该在上市公司里占有多大的股份,张廷璧也有比较合理的认识。他说:"我认为科技人员在公司里占有10%~15%的股份比较合适。科技人员投入的是研究成果,企业投入的是实物和资本,在经营过程中要投入生产费用、科研费用、销售费用。所以企业投入多,风险大,如果运营不好,它的投资可能会血本无归。科研人员所占份额太多,企业就不会有充足的资金从事生产和经营活动。但是,如果企业给科研人员分得的份额太少,又不能充分调动他们的积极性。"

袁隆平因为"隆平高科"股票上市,成为一个新的知识和资本完美结合的典范。

"隆平高科"上市以后,袁隆平在接受《环球时报》记者吴兴华采访时有这样一段对话:

记者: 袁院士,经过"隆平高科"的组建、上市,以及我们已看到的这只股票所产生的社会效益和经济效益,您现在对知识的作用是不是有了更加深刻的认识?

袁隆平: 从世界的发展情况看,知识,特别是高精尖的科学技术对生产发展和经济发展的贡献越来越大。小平同志说,科学技术是第一生产力。这是颠扑不破的真理。我们只有发展高精尖技术,才能进一步加快我国经济的发展,加快我国现代化的步伐。对"知识就是力量"这句名言,我现在体会得越来越深刻。社会的发展、科技的创新和人类文明的进步,依靠的就是这种力量。它是创造精神财富和物质财富之本。

记者: 作为我国一位享誉世界的科学家,您下一步的打算是什么?

袁隆平: 我这辈子还有两个愿望需要实现:一个是把杂交水稻推广到全世界,让杂交水稻造福世界人民,造福全人类;第二个愿望是把超级杂交稻搞成功。现在,超级杂交稻的研究已经取得了突破性的进展,在湖南取得了 18 个百亩片、4 个千亩片平均亩产 700 多千克的成果,最高亩产达到了 870 千克。按国家的要求,要在 2005 年前达到大面积亩产 800 千克的目标。我现在正为这一目标而奋斗。

从袁隆平与记者的一番对话中,我们不难看出,袁隆平的全部心思都在杂交水稻的研究和推广当中。他深知缺少科研经费带来的苦恼和无奈。所以,他先前当湖南杂交水稻研究中心的主任不是为了当官,他发起成立"隆平高科"也不是为了发财,他只是想有充足的经费从事自己热爱的杂交水稻事业。

名标星座

在浩瀚的宇宙中,有一颗明亮的小行星,是以袁隆平名字命名的,这颗星星,就是国际小天体命名委员会批准命名的"袁隆平星"。

1999 年 10 月,经国际小天体命名委员会批准,中科院北京天文台施密特 CCD 小行星项目组发现的一颗小行星(8117)被命名为"袁隆平星"。

小行星是目前各类天体中唯一可以由发现者进行命名并得到世界公认的天体，用杰出人士的名字命名小行星是一项崇高的、国际性、永久性的荣誉。这颗小行星是1996年9月18日在兴隆观测站发现的，发现后的暂定编号为1996SD1，由于SD正好是中文"水稻"的汉语拼音简写，所以在获得8117这一永久编号之后，为了表达对"杂交水稻之父"的敬意，为了让人类永远记住袁隆平这个名字，永远不忘他不计名利、一心科研的精神，让人们永远铭记他对人类战胜饥饿所做出的贡献，天文学家们决定把它命名为"袁隆平星"。在人们心目中，袁隆平就是一颗同时在科学和自然的天空中闪烁出耀眼、迷人光芒的明星！

　　2007年10月8日晚，袁隆平来到紫金山天文台铁山寺观测站，这里有亚洲最大的天文望远镜。他要借助这台望远镜亲眼看一看"袁隆平星"。碰巧，8日这颗星正好运行到金牛座，在铁山寺观测站恰好能观测到。袁隆平在望远镜里看到以自己名字命名的这颗星时，非常激动。他说，宇宙浩瀚无比，充满了神奇与魅力，人类要不断地探索、研究它，让它为人类服务。

泽 被 神 州

　　金杯、银杯不如老百姓的口碑。杂交水稻让千千万万的农民获得了好收成，他们用生动而朴实的语言称颂袁隆平为"神农""米菩萨"。他们用自己独特的方式抒发着对杂交水稻之父的感激之情。其中有这样一个感人的故事：

辉煌的成就，做人的楷模

湖南郴州市北湖区华塘镇塔水村农民曹宏球是当地有名的水稻种植能手。由于他出生在发生自然灾害的1960年，童年饥一顿、饱一顿的日子成了留在他脑海里挥之不去的记忆。1975年，杂交水稻在塔水村推广，脑子活络的曹宏球率先在村里种起了杂交水稻。由于连年丰收，到了90年代，曹家靠出售多余的稻米逐渐宽裕了起来。有了一点积蓄之后，他又改行专门养蜂，由于搞多种经营，他家的小日子越来越红火，还曾作为致富典型被郴州地委表彰过。

吃水不忘挖井人，致富不忘袁隆平。1995年春节，他编了一副春联贴在自家大门上，这副春联的内容是："发家致富靠邓小平，粮食丰收靠袁隆平"。他和亿万农民一样，认为袁隆平发明的杂交水稻造福天下众生，对袁隆平心怀感激和敬重，萌生了自费为袁隆平塑像的念头。为了得到袁隆平的照片，他给袁隆平写了一封信。收到曹宏球情深意切的信后，袁隆平请同事回了封信。他在回信中说：

你和广大农民的赞美和褒奖，在我看来，比诺贝尔奖还要荣耀。你们的这份情我领了，但我不希望你们为我塑像，我为人民、为国家做一点贡献是应该的……因此，请你千万不要把钱浪费在为我塑什么石雕像上，我实在受不起你的这种厚爱。请你尊重我的意见，并恕我不给你寄照片。

尽管没有得到袁隆平的支持，曹宏球还是坚决要为自己心目中的米神塑像。用什么材料好呢？是用花岗岩？还是用铜？最终他决定用汉白玉，他想用这洁白无瑕的玉石象征袁隆平高洁的品格，表现杂交水稻之父的卓越贡献。听说北京房山的汉白玉最好，他就专程北上去寻找汉白玉，又不远千里跑到河北保定的一家玉雕厂定做了模型，然后又去湖北找人雕刻，前后总共花费了5万多元。最终为袁隆平雕塑了一尊真人大小的汉白玉像。

听说曹宏球要给袁隆平塑像,乡亲们特别支持,在村里的组织下大家专门留出 2 亩地作为"稻仙园",园里最醒目的位置放着袁隆平的塑像,因为他就是给大伙送来高产水稻的仙人啊。

广大农民这样称颂袁隆平,是因为袁隆平培育的杂交水稻让他们告别了饥饿和贫穷,走上了丰衣足食的小康之路。

现在,在当地政府的支持下,"稻仙园"已拓展为 80 亩,成了当地的一处特别的风景,每天都有来自全国各地的人士前来参观。

连获 18 次国际大奖

随着杂交水稻推向全国,走向世界,在世界范围内掀起了研究杂交水稻的热潮。"杂交水稻之父"袁隆平也成了大忙人,他先后应邀到美国、菲律宾、日本、英国、法国、埃及、墨西哥、印度、缅甸等 10 多个国家和我国香港、澳门地区,进行了 20 多次学术交流活动,成了世界知名的科学家。

在国内,袁隆平自 1981 年获得新中国成立以来第一个国家发明奖特等奖以后,又连续获得多次奖励:1991 年获中共湖南省委、省政府授予的首届"科技兴湘奖";1992 年获中共湖南省委、省政府授予的"功勋科学家"荣誉称号;1994 年获首届何梁何利基金奖农学奖;1999 年,中科院北京天文台将新发现的一颗小行星命名为"袁隆平星";同一年,他荣获中华人民共和国"杰出专业技术人才"称号;2001 年 2 月 19 日,获首届国家最高科学技术奖;2007 年获 CCTV 中国经济年度人物奖,博鳌亚洲论坛理事龙永图为袁隆平宣读颁奖词时称:"一个人每年为世界解决7000万人的吃饭问题,他就是中国工程院院士袁隆平先生!"2013年12月,袁隆平获得了国家科技进步奖特等奖。

在国际上,从1985年至2020年,袁隆平创造获18次国际大奖的记录。这18次大奖是:

(1) 1985年,在中国北京,获得联合国世界知识产权组织颁发的"发明与创造奖章"(杰出发明家)金奖。

(2) 1987年,在法国巴黎,获联合国教科文组织1986—1987年度"科学奖"。在颁奖会上,联合国教科文组织总干事姆博先生赞扬袁隆平的杂交水稻,是20世纪70年代培育成功的半矮秆水稻之后的"第二次绿色革命"。

(3) 1988年,在英国伦敦,袁隆平获英国Rank基金会颁发的"农学与营养奖"。

(4) 1993年,获美国菲因斯特基金会"拯救世界饥饿(研究)荣誉奖"。

(5) 1995年,获联合国粮农组织设立的"粮食安全保障奖"。全世界获此殊荣的只有6人,袁隆平还是亚洲的第一位获奖者。

(6) 1996年,获日本经济新闻社"日经亚洲奖"。

(7) 1997年,在墨西哥召开的"作物遗传与杂种优势利用国际讨论会"上获得"杂种优势利用杰出先驱科学家"荣誉称号。

(8) 1998年11月4日,获日本越光国际水稻事务局颁发的"越光国际水稻奖"。

(9) 2001年,获菲律宾2001年度"拉蒙·麦格赛赛奖"。

（10）2002年，获越南"农业和农村发展"荣誉徽章，以表彰他为越南发展杂交水稻做出的杰出贡献。

（11）2004年5月13日，获得以色列沃尔夫基金会颁发的"沃尔夫奖"。

（12）2004年，获得世界粮食奖基金会颁发的"世界粮食奖"。这个奖在国际上被视为在农业方面的最高荣誉。袁隆平在接受中央电视台科教频道"大家"栏目采访时，也提到在他获得的各种大奖中，他最看重这个奖。

（13）2004年，获泰国皇室颁发的"金镰刀奖"。

（14）2005年，获亚洲及太平洋地区种子协会颁发的"APSA杰出研究成就奖"。

（15）2010年，获法国政府颁发的法兰西共和国最高农业成就勋章。

（16）2010年10月，获日本新潟国际粮食奖事务局颁发的"新潟国际粮食奖"。

（17）2012年1月，获马来西亚马哈蒂尔科学奖基金会颁发的"马哈蒂尔科学奖"。

（18）2020年11月，获智利政府颁发的"麦哲伦海峡奖"。

对于这些年获得的奖金，袁隆平除了分一些给同事以外，几乎全部捐出，先后发起成立了杂交水稻奖励基金会、农业科技奖励基金会等，用以扶持、奖励做出突出贡献的青年科技工作者。他还资助了很多教育事业和慈善事业。在他身上，不仅体现了当代知识分子忧国忧民、造福人类的远大抱负，也体现了淡泊名利、奉献社会的崇高思想境界。因此，湖南省农业科学院把袁隆平精神概括为：

热爱祖国、一心为民的坚定信念，
淡泊名利、奉献事业的崇高品德，
不畏艰难、求真务实的科研作风，
胸怀全局、协作攻关的团队意识，
与时俱进、不断开拓的创新精神，
服务"三农"、富民兴农的高尚情怀。

伟人的平凡生活

快乐幽默的袁隆平

袁隆平是一个快乐的人。在总结自己快乐的秘诀时,他说:"要有追求、有理想、有希望,心态好、身体好,名利心淡薄一点,就快乐了。"

在研究杂交水稻的过程中,他曾遇到过一个又一个难题,他都以乐观自信、严谨认真的态度去一一解决;科研遇到的挫折和反对者的冷言冷语,没有一次让他变得消沉。可以这么说,快乐自信是袁隆平成功的人格基础。

袁隆平的乐观幽默不仅体现在工作上,还体现在日常生活中。从两个孙女的名字我们可以体会到他的幽默:大孙女名叫袁有晴,是因为出生当天,连续多天的连绵阴雨终于见晴。二孙女出生那天正赶上农历的"雨水节",他就给二孙女取名"袁有清"。他认为这两个名字不但叫起来顺口,而且很有意义。有晴就是有太阳,有清就是有雨水,既有太阳又有雨水,万物就会茁壮成长。

2007年,在"影响世界华人盛典"的颁奖典礼上,袁隆平荣获"终身成就奖"。他在发表获奖感言时说:"我想,大家给我评个'终身成就奖',就是要我干一辈子(从事杂交水稻育种)工作。……我现在身体很好,肌肉弹性和二十多岁的年轻人差不多,再下个 10 年试验田一点问题都没有。"听到他幽默自信的讲话,在场的嘉宾报以热烈的掌声。

接触袁隆平的人都说,他还"很能吹",他擅长游泳的事,那是走到哪里,就"吹"到哪里,搞得尽人皆知。说他身体好,他就说自己是"七十岁的人,四十岁的心态,三十岁的心脏,二十岁的肌肉弹性"。其实这是老人家乐观自信的表现。

他不仅自己注重锻炼,还勉励青年人注意身体。在面对青年学生讲话时,他经常告诫他们,一个人再优秀,如果没有好的身体,事业上也不会取得最后的成功。

还有,袁隆平还很"天真"。如果第一个人说:"袁老师,你很帅啊。"他就有点信了;第二个人又说:"袁老师,你真的很帅啊。"这回他就真的觉得自己很帅了。遇到第三个人,他就会问人家:"你说我是不是很帅啊?"别人如果说是啊,袁老师就是很帅嘛。这回袁隆平更相信自己帅了,遇到第四个人,他就会说:"他们都说我很帅,你怎么不说?"这些例子不是说袁隆平有多"傻",而是说明他的简单、纯粹和率真,这种人品是值得我们学习的。

"自由散漫"的袁隆平

袁隆平的大学同学说,应该给他的毕业鉴定写上"爱好:自由;特长:散漫"这样的评语。别人都觉得这句话含有贬义,他却不以为然,因为他觉得自己就是喜欢"自由散漫"的生活。

袁隆平的"自由散漫"甚至也体现在许多生活细节当中,比如他并不讳言"小时候,我很贪玩,有很多兴趣爱好。我读书,对感兴趣的课程,就认真听讲,而且考试得高分;对不感兴趣的课程,只求三分好,能及格就行了。"又或者,在五兄弟中,母亲最喜欢老大,父亲偏爱最小的,排在中间的几个里头,他的学习成绩又一般,所以"父母都不看重我的"。

别看袁隆平在生活上不太较真,但搞起科研来却是一丝不苟。他认为搞科研要实事求是,正确就是正确,错误就是错误,是来不得半点马虎的。在他看来,自己在生活上的自由散漫和思想状态上的自由自在,不但可以让自己专心致志搞科研,也使自己的研究思路有了一个不受束缚的广阔空间。

不修边幅的袁隆平

几十年的风里雨里,几十年的阳光暴晒,袁隆平的皮肤变成了古铜色,在同事间得了个"刚果布"的外号,加上他的打扮随便,性格随和,早前曾发生过因以貌取人而被误认的逸事。1980 年,以袁隆平为首席专家的我国杂交水稻专家组乘飞机抵达美国洛杉矶,前来迎接的美国圆环种子公司总经理威尔其只与走在前面的袁隆平礼节性地握了握手,而与同去的另一位研究员热情握手、拥抱:"袁先生,很荣幸能得到您的指导。"原来,威尔其先生将袁隆平当成了随员。

邓则在安江农校的时候是袁隆平的学生,毕业后过了七八年经人介绍与袁隆平结婚,名字叫不出口,还叫他袁老师又不像夫妻间的称呼,就唤"袁先生",一叫几十年。邓则笑着说起袁先生的"油榨"(方言,即邋遢、不讲究的意思):"袁先生下田不挽裤管,就那么在泥里走""自己洗衣服的时候只洗局部,裤脚脏了就洗裤脚,领子、袖口脏了就只洗领子、袖口。"回忆起在农校时,同学间也常议论哪个老师课讲得好,哪个老师有什么特长。说起这些邓则的神情间满是温馨,并没表现出一个妻子本该有的责怪之意,倒显出几许敬意和羞涩。

认真科研的袁隆平

袁隆平虽然为人随和,不注重生活中的细节,但他心中始终牵系着一条明晰的线索:水稻、粮食,从未懈怠、松弛过,这是特别让人敬重的地方。

在研究杂交水稻的试验田里,袁隆平的要求可是一丝不苟,一点也不"油榨"。跟随他六十多年的助手尹华奇举了个小例子:一个组合几粒种子如果要播成两排,怎么播呢?要是偶数好办,平均分布;如果是奇数,多出的一粒种子,袁先生要求不可以放左边也不可以放右边,一定要在中间。以保证密度一致,减少试验误差。"袁老师不仅这么要求,还要检查。一年做一万多组,要求都是那么严格。我们当时也理解不了,偶尔发一些牢骚。常年在地里弯腰劳作,现在我们大部分都有腰肌劳损。"

在招收研究生的时候,袁隆平不太看重分数,而是要看这个人是否具备相关的科研素质。他说:"实验室和电脑前固然重要,但最重要的是下田。"只有顶着火辣的太阳,淌着泥水,去观察研究水稻,了解水稻的生长发育规律,知道水稻的"脾气秉性",才能搞好杂交水稻研究。

不愿意当名人的袁隆平

袁隆平是一位不愿意做"名人"的名人,因为他觉得"人一出名,自由度越来越小,隐私权也越来越小,就成了关在笼子里面的鸟。"

有一次他和老伴到超市买菜,有个服务人员认出了他,就和旁边的人说:"你看,院士也来亲自买菜了!"结果旁边的人不信,说:"那才不是呢,他那么高的身份能到咱们这里来?早有人给他买好了送到家里了!"袁隆平和老伴明明听到了,却不敢搭话,怕引起超市混乱,假装没听到继续买菜。

有记者问袁隆平出名后的感受,袁隆平说:"人怕出名猪怕壮,好多人都认得你。我走在外面经常有人问我,您是不是袁隆平院士呀?我怕承认了以后引起麻烦,总是说有点像,有点像。"

被评为中国工程院院士之后,很多原来的同事、学生都改称"袁老师"为"袁院士",袁隆平在好长时间都不适应,他觉得还是"袁老师"这个称呼更亲切。对于很多人称他是"伟大的科学家",袁隆平更是诚惶诚恐,他幽默地说"不是伟大,是尾巴大了,尾巴大了也有好处,就是不能翘尾巴"。到美国参加院士年会时,遇到了一群来美国旅游的中国人,大家纷纷要求签名、合影,袁隆平也耐着性子一一满足了大家的要求。他说:"我不习惯这样的场合,当时搞得我非常不好意思。但我不能翘尾巴呀,只好给人家一一签字。"

生活节俭的袁隆平

袁隆平说:"对金钱,我是有看法的,要生活、生产,钱是重要的,钱来路要正。钱是拿来用的,有钱不用等于没有钱。但是用钱,第一不要奢侈浪费,第二不要小气,该用的就用,不该用的就不用。所以,我穿衣服朴素大方,这是一个原则。穿那么好干什么,表面光。穿得好,不见得你的地位就高。吃饭只要清洁、卫生、营养就好,不要大鱼大肉的,我很少吃海鲜、鱿鱼什么的。"

节俭朴素,是他的习惯。出席任何重大的活动,他都不会特意制备什么礼服和行头,连出国穿的西装也是两三百元钱一套的便宜货。他穿的皮鞋都是几十元钱的,最贵也就一二百元的。他家里挂着一套早年100多元钱买的白色西装,曾经作为出国装备穿了好几年;后来经济条件越来越好,在夫人的反复劝说下,他才买了一套800元钱的西服。

2001年12月,他到香港中文大学参加荣誉理学博士学位的授予仪式。这个仪式上要求穿西装系领带,西装就将就用他平时穿过的衣服,领带他从来不戴,同行的人只好和他去街上买。同伴都劝他买条稍贵一点的名牌领带,可他还是到地摊上买了一条十多元港币的领带。他拿过领带,在胸口上比试着,笑着说:"蛮漂亮嘛,怎么样,精神吧,这叫价廉物美,比名牌差不到哪里去,来来,你们都来买……"见同伴都不愿买,他只好调侃道:"哦,我晓得了,你们是舍不得花钱,我老袁大方得很,每人白送一条,怎样?"说罢,他果然掏出100元港币买了6条,也不管别人喜不喜欢,当即送给每人一条。

巧的是，袁隆平的三儿子和三儿媳妇正在香港中文大学学习，听说父亲没有领带，就特意抽空上街买了条名牌领带，晚上到父亲下榻的宾馆，嘱咐父亲明天出席仪式时，系他们买的这条，但第二天，他还是系上了自己的地摊货。因为他始终觉得，衣着行头不能提高人的身价，人的身价是由人的内质决定的。

按照他的身份，乘飞机坐头等舱是理所当然的；要是在国外，像他这样的大牌科学家连私人飞机都该有了。但是，他乘飞机出差，却总是坐经济舱。他对办公室有交代："别买头等舱，就买经济舱，还不是一样时间到达目的地。"有一次买机票的同志考虑他当时工作太累，连续几天都没有休息好，为了让他在飞机上休息得舒适一点，忍不住"违反规定"给他买了一张头等舱机票。他在登机前发现，硬是逼着送行的秘书临时去换了经济舱。

当然，我们知道，袁隆平其实并不是吝啬的人。别看他自己生活节俭，每次他得了奖金，都是要么分给助手们，要么捐献出来，还发起成立了湖南省袁隆平农业科技奖励基金会，用于奖励在农业科技方面做出贡献的人。

附录一　培育杂交水稻大事记

三个重大发现

1. 1961年7月,袁隆平在自己的试验田里发现了一株天然杂交稻。他由此意识到培育杂交水稻的可能性。

2. 1964年7月,袁隆平发现了栽培稻的天然雄性不育株。他根据自己的研究写出了《水稻的雄性不孕性》,发表在1966年的《科学通报》上。在这篇论文里,他提出了培育杂交水稻的三系配套构想。正是这篇论文,奠定了他在杂交水稻学界的最初地位,也让他的研究受到了国家领导的重视。

3. 1970年11月,袁隆平的助手李必湖和农场技术员冯克珊在海南岛发现了野生稻的雄性不育株"野败"。"野败"的发现和转育成功,结束了杂交水稻研究进展缓慢的现状,加快了三系法杂交水稻的育种进程。

攻克三大难关

1. 攻克三系配套关。"野败"是一棵野生水稻,需要通过杂交将它的不育基因转移到栽培稻上。1971 年春,农业部把杂交水稻列入重大科研项目,"野败"种子被分送到 10 省(市)20 多个科研单位,总共设计了上万个杂交组合,终于将"野败"的不育基因转移到栽培稻上。之后又攻克了培育保持系、选育恢复系等难题,袁隆平于 1973 年在全国水稻科研会议上宣布三系配套成功。

2. 闯过杂交优势关。1972 年秋,袁隆平的助手罗孝和设计了一个杂交组合,预计产量会超过父本、母本和对照组,因而命名为"三超杂交稻"。结果产量与父本、母本和对照组相比都没有优势,稻草却增产了 1 倍。被批评者评价为"可惜人不是牛,人不能吃草啊!如果人能吃草,这个杂交稻就有用了。"袁隆平仔细分析之后认为,杂种子一代在植株高度、叶片长度、分蘖能力三方面都超过了父本、母本和对照组,确实实现了"三超"。这说明杂交稻是有优势的,下一步的工作就是如何将杂交优势转移到稻谷上。1975 年,袁隆平团队培育的"南优 2 号"在湖南全省试种,产量名列第一,之后被推广到全国。

3. 攻克制种低产关。在袁隆平最初的试验田里,每亩只能收获 5.5 千克杂交稻种子。种子产量过低,无形中增加了生产成本,也给杂交稻的推广造成了困难。经过研究和实践,1975 年制种突破了亩产 150 千克。后来亩产基本稳定在 175 千克左右。

三个重大突破

1. 从三系法到两系法。1995年,袁隆平团队培育出了产量高、操作简便、品质优良的两系法杂交水稻,使杂交水稻的制种化繁为简,降低了种子成本,减轻了农民负担。

2. 从普通杂交稻到超级杂交稻。自1997年提出超级稻的技术构想,到2000年亩产700千克第一期目标实现,再到2014年完成第四期目标亩产1000千克,实现了袁隆平亩产吨粮的愿望。2020年,杂交稻双季亩产1530.76千克,实现了袁隆平90岁生日时许下的"亩产达1500千克"的愿望。

3. 从超级杂交稻到海水稻。我国有大约15亿亩的盐碱地,可以改造成农田的大约有3亿亩。袁隆平认为,如果以推广1亿亩海水稻计算,假设每亩生产稻谷300千克,就可以解决8000万人的口粮。2020年,袁隆平团队研发的"超优千号"海水稻在江苏如东栟茶方凌垦区进行测产,3块各约1亩稻田平均亩产量达到了802.9千克。创下了盐碱地水稻的高产新纪录。

附录二　袁隆平院士主要著作、学术论文

著作(部分)

杂交水稻.农业出版社,湖南人民出版社,1976年.

杂交水稻简明教程(中英对照).湖南科学技术出版社,1985年.

杂交水稻育种栽培学.湖南科学技术出版社,1988年.

杂交水稻学.中国农业出版社,2002年.

超级杂交稻研究.上海科学技术出版社,2006年.

中国杂交水稻发展简史.天津科学技术出版社,2020年.

超级杂交水稻育种栽培学.湖南科学技术出版社,2020年.

学术论文(部分)

水稻的雄性不孕性.科学通报,1966(04).

水稻雄性不育性初探.广东海南岛第二届遗传学术讨论会会议论文集,1972年.

杂交水稻培育的实践和理论.中国农业科学,1977(01).

杂交水稻新组合威优64.农业科技通讯,1984,5.

中国的杂交水稻.中国水稻科学,1986(01).

利用无融合生殖改良作物的潜力.作物杂志,1986(03).

水稻杂交优势利用.∥中国稻作学.农业出版社,1986.

杂交水稻的育种战略设想.杂交水稻,1987(01).

附录二　袁隆平院士主要著作、学术论文

杂交水稻研究的现状和展望.//杂交水稻国际学术讨论会论文集.学术期刊出版社,1988年.

"无融合生殖"水稻84—15还有待科学验证.杂交水稻,1989(04).

两系法杂交水稻研究的进展.中国农业科学,1990(03).

选育水稻光、温敏核不育系的技术策略.杂交水稻,1992(01).

杂交水稻既能高产又能优质.人民日报,1992-06-18.

对大面积推广玉米稻要持慎重态度.1993年12月30日湖南省农业厅以湘农[1993]种字113号转发。

选育水稻亚种间杂交组合的策略.杂交水稻,1996(02).

杂交水稻超高产育种.杂交水稻,1997(06).

杂交水稻发展的战略.杂交水稻,2018,33(05).

第三代杂交水稻初步研究成功.科学通报,2016,61(31).

超级杂交稻研究进展.农学学报,2018,8(01).

后　　记

2015年,《改变世界的一粒种子——记杂交水稻之父袁隆平》出版。该书出版过程中,袁隆平院士的秘书杨耀松先生提供了大力支持。他仔细阅读了书稿,对书中一些描述不准确的地方给出了修改意见,并提供了袁院士的照片供本书出版之用。杨耀松先生认真扎实的工作态度让我领略了袁院士团队求真务实的精神。出乎我意料的是,图书面世之后很受欢迎,并且被科技部评选为2016年全国优秀科普作品。

第一版成书之后,我曾前往国家杂交水稻工程技术研究中心拜访袁院士。袁院士身为研究中心负责人,科研和管理工作都非常繁重,但他仍在百忙中抽出时间接见了我这个来自远方的普通教师。

那天早上刚过七点,杨耀松先生就给我打电话,说袁院士已经来到杂交水稻研究中心上班了,让我赶在大家上班之前拜访他。好在住宿的酒店就在研究中心附近,我一溜小跑地来到研究中心。正对着大门的一座小楼是袁院士的办公地点。我一走出电梯,就看到了精神矍铄的袁院士,他留着短寸,肤色黝黑,身上穿着一件普通的格子衬衫。我一个箭步走上前去,一边握住袁院士早就伸出的温暖的双手,一边进行自我介绍。袁院士热情地招呼我到会客室里坐下,问了我的工作情况,谈了一些我家乡风土人情的话题。当时正值夏天,长沙的天气很热,我坐在沙发上一边说话,一边不停地擦汗。袁院士见了,就说这几天长沙确实太热了,

后 记

"太阳大得很"。袁院士亲切随和的话语,消除了我的紧张情绪。在翻看了《改变世界的一粒种子——记杂交水稻之父袁隆平》之后,他夸赞我写得好,勉励我继续搞好教学和写作。他还指着这本小册子说:"这就对了,不要写得那么厚,读起来好费力。"至今回想起来,仍觉如沐春风。先生鼓励的话语犹在耳边,亲切的笑容常记心间。

考虑到袁院士工作繁忙,我没有过多地打扰他,就提出了参观研究中心的请求。袁院士马上安排了一名工作人员,带我参观了杂交水稻成果展厅。通过参观,我进一步了解了袁院士和他的团队开展的工作,了解了杂交水稻的研究历程,一些以前不甚明了的知识点也豁然开朗了。为了方便以后学习和研究,我将展览内容详细地记录了下来。

临别之际,杨耀松先生按照袁院士的指示,拿出了两个超级稻的稻穗标本和一台袁隆平院士亲自用过的显微镜,赠送给我当时任教的学校。我双手接过袁院士赠送的礼物,怀着激动的心情,代表我的学校向袁院士致谢。感谢他牵挂着祖国边陲的基础教育事业,感谢他在百忙之中给远方的学生送去的瞩望和鼓励。

时光匆匆,转眼又过去了五年,袁院士的杂交水稻研究还在继续,水稻产量还在提高。他的研究范围也从杂交水稻拓展到了海水稻。他不仅在努力提高水稻的单产,也在努力让那些废弃的盐碱地变成可利用的耕地。在此期间,我利用闲暇时间对书中的一些细节进行了修订和补充。在第二版成书的过程中,得到了国家杂交水稻工程技术研究中心党政联合办公室魏科主任、袁隆平院士办公室辛业芸主任的大力支持和热情帮助。

值得一提的是,中科院院士、北京师范大学原校长王梓坤教授一直关心我的成长。他在 2012 年为我的科普图书《追寻科学家的足迹——生物学简史》作了序,又亲自为本书作序,还多次勉励我多写一点东西,对我的关爱和期待溢于言表。

作者与袁隆平院士合影

这些师长的支持和帮助使本书更加完善,也让我受益匪浅,在此一并致谢。

袁院士是杂交水稻之父,世界著名的科学家。无论是挑战传统理论还是提出杂交水稻培育方略,无论是发现天然杂交稻还是研发三系法和两系法,无论在国内技术推广还是造福世界人民,他为我国的粮食增产和世界粮食安全做出了杰出贡献。

袁院士有哪些地方值得我们学习?我想,每个读者心中都会有自己的答案。如果归纳一下这些答案的共同点,我想一定有以下几点:

(1)胸怀天下:虽身在田畴而心系天下苍生,立己达人,兼济天下。

后 记

（2）造福于民：关心百姓疾苦，以提高人民生活水准、为人民谋福祉为己任。

（3）技术报国：运用自己的专业技能改变命运，建设家国，实现自己的人生价值。

（4）敢于创新：不迷信权威，不局限于书本，尊重事实，开拓创新。

（5）不怕挫折：有远大理想，有坚定信念，面对困难和挫折不灰心、不动摇。

（6）团队意识：有大局意识，不计个人得失，能与领导、同事团结合作，成就辉煌事业。

袁院士的精神，就是我们这个时代的精神，是激励全体公民奋发图强、振兴祖国的强大精神动力。如果每一个人能够像袁院士那样踏踏实实做事，堂堂正正做人，做好自己的本职工作，立己达人，肩负起一个公民应尽的责任，那么中华民族伟大复兴的"中国梦"就能早日实现。

就在本书即将完成之际，2021年5月22日，惊闻袁院士去世的消息，我的内心十分悲痛。不由地想起了他说过的一句话"人就像种子，要做一粒好种子"，他就是一粒内敛而丰富的种子，孜孜以求地刻苦钻研，不知疲倦地忘我工作，全心全意地付出奉献，在自己的生命中开出了最灿烂的花，结出了最丰硕的果，也在世界人民的心田里种下了一粒朴实、善良、奉献的种子。

谨以此书纪念袁隆平院士。